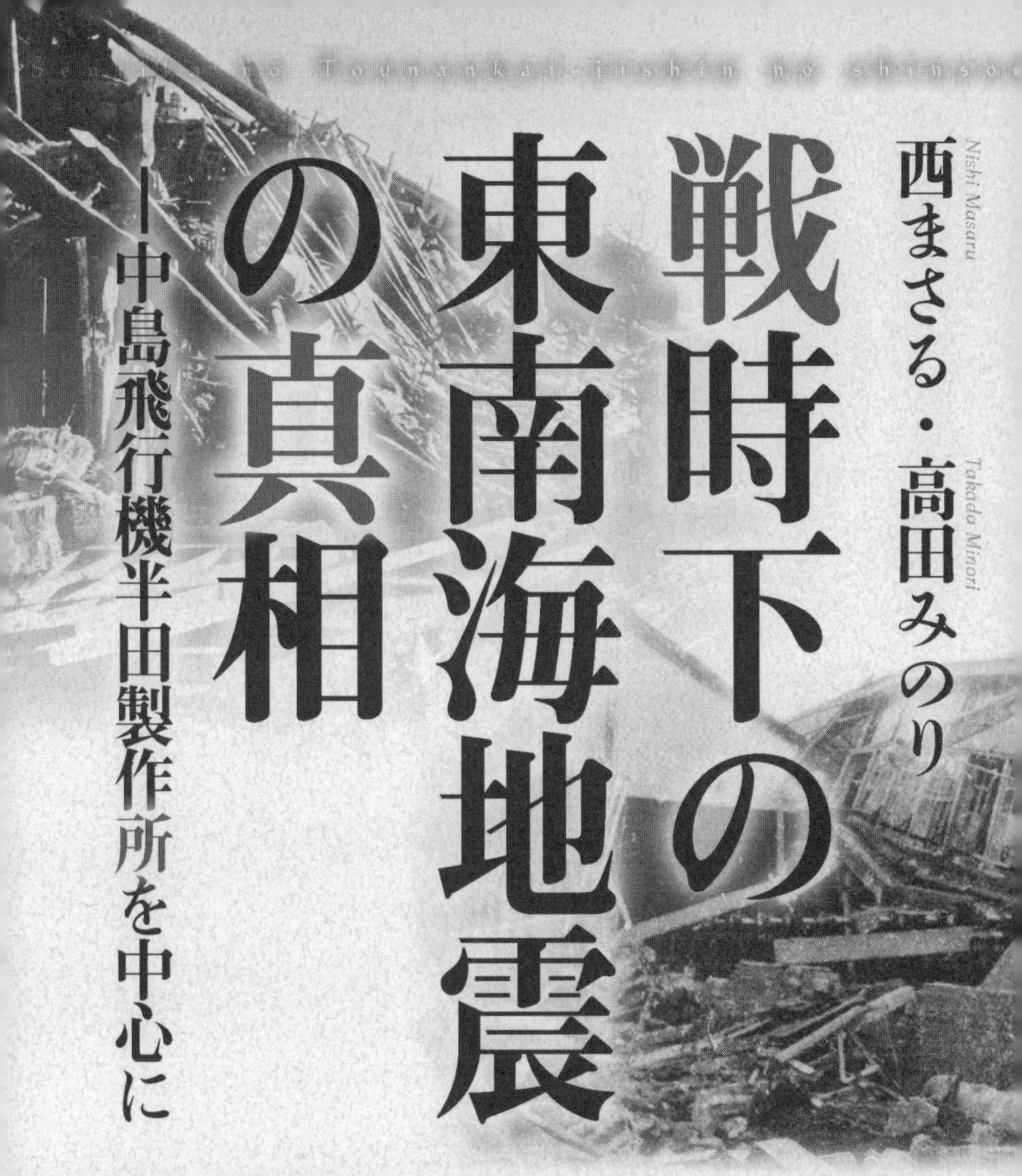

Tounankai-jishin no shinso

戦時下の東南海地震の真相

―中島飛行機半田製作所を中心に

西まさる Nishi Masaru・高田みのり Takada Minori

新葉館出版

戦時下の東南海地震の真相

―中島飛行機半田製作所を中心に―

目　次

昭和東南海地震犠牲者を悼む　200

※現在、不適切な表現とされる用語も文中にあるが、
時代背景を考慮して言い換えていない。

戦時下の東南海地震の真相

隠された大地震

1944年（昭和19）12月7日昼過ぎ、大地震が東海地方を襲った。一瞬のうちに1万3千余軒の家が全壊。2万8千余軒の家が半壊した。

しかし国はこう発表した。「きょう地震はあったが被害は軽微」。そして翌日の主要新聞各紙の記事。「本日午後一時三十六分頃遠州灘を震源を有する地震が起こって強震を感じ被害を生じたところもある」。

主要新聞各紙が1字も違わずこう報じた。

震源地は紀伊半島沖。国はそれも知りながら遠州灘沖と発表。隠蔽を徹底した。

なぜそこまで徹底して東南海地震を隠したのか。答は明白。

時は太平洋戦争末期。国は米軍の日本本土上陸は間近とみていた、そして上陸地点は伊勢湾周辺と睨んでいた。だから伊勢湾岸には敵機、敵艦を迎撃する高射砲陣地やレーダー基地が数多く設置されていた。また、知多半島や志摩半島には敵艦に体当たりする人間魚雷、特殊潜航艇の特攻基地も複数あった。さらには米軍との地上戦を予想して、トーチカや地下壕が無数に造られていた。

これらは大地震で壊滅。伊勢湾の守備能力は無力化。米軍がこれを知ると明日にも上陸が開始される。これを恐れたのだ。また、軍需工場が密集している中京工業地帯の被害も甚大。軍用機は日本の30％超がこの地方での生産である。製造能力の大減少。これも敵に知られるわけにはいかない。国は必死にこれらを隠した。隠蔽は徹底され、情報は統制され、真実の多くは闇の中に消えた。

闇の中に隠れていたものの一つに、中島飛行機半田製作所の実際があった。本書はここを中心に探訪、検証を重ねていきたい。

国家権力がしっかりと閉めた蓋。その蓋をこじ開けたい。こじ開ける武器は東南海地震を実体験された人々の声である。被災の現場を実際に見た3百近い人の声が本書にはある。その声がこじ開けた中から何が出てくるのか。私たちも目を凝らして見つめている。

（西まさる・高田みのり）

震える語りに耳を傾けたい

「忘れられないのよ。家の前の大通りを、大きなトラックが何十台も通っていくの。亡くなった女学生がお棺に入れられて、半田斎場まで運ばれていたのね」

中日新聞半田支局の自席で、1本の電話を受けていた。相手は愛知県半田市在住の女性。88歳になるのよと言いながら、声はかくしゃくとしている。2021年の4月2日。最高気温は22度。支局の外は春の陽気に包まれていた。

「…ひっきりなしに車列がやって来て」と女性は続けた。

棺を運ぶ車は、その後も次から次へとやって来たという。

「近所の人たちは『あぁ、また来たぞ』って。斎場のある西の方角は空が橙色っていうのかしら、赤くてね。大人たちは『今、ご遺体を燃やしてるんだろう』と言っていた。こんな言い方をするのは亡くなった方に申し訳ないのだけれど、ご遺体を燃やすにおいだったのかな。何とも言えない、嫌なにおいがただよっていたの」

当時、女性は小学生。知人の家で遊んでいたところを揺れに襲われ、「脳しんとうを起こしたのか」、気付けば母の背におぶわれていた。兄はなかなか帰宅せず、心配した父が迎えに行くと、遠くから力無くフラフラ歩いてきたという。家に戻った女性は、棺の車列を「どこか怖い、でもどこか興味のある気持ちで見ていた」。

この女性が語ってくれたのは、1944年12月7日に起きた昭和東南海地震の記憶である。半田市や愛知県はもちろん、東海地方全体に甚大な被害をもたらした大地震のことだ。ただし、この地震の公式記録はほとんど残っていない。厳しい情報統制が続いていた、戦時中の震災だったからである。

＊　＊　＊

昭和東南海地震の発生は、1944年12月7日午後1時36分である。震源は三重県紀伊半島沖、マグニチュードは7・9。三重県から愛知県、静岡県までの沿岸部を中心に震度6から7程度の揺れを観測した。三重県では津波も発生し、死者は全国で1223人に達した。

半田市は、後年の推定で最大震度6程度だったとされる。市内の死者は188人、負傷者は286人。全壊住家は800戸を数えた。被害は一般家屋のみならず、軍需工場などにも及んだ。当時日本最大の航空機メーカーだった中島飛行機は、半田製作所内の各工場で、日本軍の艦上偵察機「彩雲」や艦上攻撃機「天山」などを造っていた。その工場でも、レンガの建物や煙突が倒壊し、動員中の学徒ら150人余りが亡くなっている。市内で出た犠牲者のおよそ8割は、この軍需工場だったことになる。

悲劇はまだ続いた。

約1か月後の1945年1月13日午前3時38分。今度は三河地震が起きた。マグニチュードは6・8。愛知県三河地方を震源とする内陸直下型地震だった。のちに内閣府が公表した資料をひも解くと、死者は2306人に達したという。発生は誰もが寝静まっている時間帯だ。それを考えると、死者の多くは家屋倒壊に伴う圧死だったとされる。100人以上の死者を出した町村も9を数えた。死者数だけみれば、東南海地震の1・8倍に上る。

これら一連の地震は「隠された地震」とも呼ばれる。当時は太平洋戦争の末期。日本の敗色はいよいよ濃厚となり、軍部の情報統制も一段と厳しさを増していた。天気予報でさえ、ほとんど公表されなかった時代。地震被害の詳細は当然のように隠されたうえ、中には〝被害は軽微〟といった主旨の報道も行われた。被害は大したことない、だから怯むな。そう言って震災を逆手に取り、戦意高揚をあおりたかったに違いない。

＊　＊　＊

88歳の女性からかかってきた電話

昭和東南海地震の惨状

現在の半田市新栄町にあった帝国劇場の前から北方を撮った。大きな煙突は中島飛行機山方工場のもの

は30分以上も続いていた。私はひたすらノートを取る。もうA4サイズのノートが3ページ、走り書きでいっぱいになっていた。

隠された地震の記憶をひと通り話し終えると、女性と少し雑談を交わした。

ほかに出たのは戦争の話、苦しかった日々の暮らしのこと。そして最後にこう語ってくれたのだ。「あの地震を体験された方も少なくなってきたでしょ、それで、お伝えしなきゃと思ったの」と。もちろん、次の言葉も加わっていた。

「70年も平和で何ごともなく、ありがたい、ありがたい、と思っているんです」

地震と戦争。忘れようと思っても、忘れることなどできはしまい。80年以上生きてきた人たちにとっては、この双方とその後の平和は、何があっても必ず後世に伝えなければならないことだからだ。実際、私の元に届いた声はこの女性に限らなかった。

こうした声が私のもとに届いたのは、中日新聞に掲載された記事がきっかけである。2021年3月31日朝刊。1面の見出しはこうだった。

〈戦下2地震140人の証言　半田の研究会05年調査〉

関連記事も社会面に大きく掲載された。

〈埋もれた地震証言　『工場の煙突が倒れ、先輩が亡くなった』〉〈93歳男性『役立ててほしい』　回答から15年超　既に死去の人も〉

昭和東南海地震と三河地震について、地元の「はんだ郷土史研究会」がアンケートを実施し、被害の内容や人々の記憶を調査していた、という内容の記事である。会が集めた回答や証言は１４０人分。半田市内、あるいは知多半島内で行われた両地震に関する調査としては、類を見ない実地調査だったと言ってよい。

さらに驚くべきことは、この調査が15年ほど前の２００６年に実施されていたことだ。

なぜ、このように重要な調査が広く公にならず埋もれていたのか。それを尋ねると、会の代表幹事・西まさるさんは「会として調査論文にまとめるつもりだった。ところが2つの地震を混同した回答が多くあり、歴史の検証論文としては精緻さを欠くと判断。その混同した回答者に個別にあたり、再調査しようとしているうちに２０１１年の東日本大震災。目の前の大震災をさておき60年前の地震調査はできない、とずるずる延びていた」と言う。

ただ、今まで世に出せていないことを気にかけていた。「よければ役立てて」と資料一式を預かった私は、記事として世に送り出し、地震の記録として残そうと考えたのだった。

掲載後、読者の反応はすさまじかった。そのひとつが、最初に紹介した88歳の女性の声である。他にも手紙で、メールで、ファクスで。東海地方を中心に各県から、さまざまな体験談が届いていた。

「岐阜羽島での体験。国民学校2年生で木造の2階の教室にいた。最初、教室のガラス戸が『ガタガタ』と鳴って、誰かが『先生、教室の戸を誰かが揺すっています』と訴えた途端にすごい揺れがきた。〈中略〉学校を出た途端、その日は晴天であったはずなのに、土煙が立ったような感じで、空全体は黄砂がかったように薄暗くなるほど空気が濁っていて、実際に土煙のにおいがした。家は壁が崩れたり、大きく稲妻が走ったように、全てヒビが入っていた。座敷のふすまは全部中折れ。ねじれて斜めに裂けていた。」（手紙／岐阜県羽島市・男性）

「私は現在92歳。その頃学徒動員として、名古屋の愛知時計瑞穂工場で2階作業場にいた。みな地震だといって防空頭巾を持って、揺れる階段を転がるように降りました。道路は立つのも大変なほど揺れていた。男性の方が『溝に入れ、電柱が倒れるから』と言われ、みんな側溝に入ったこと、怖かったことは忘れられません」（手紙／愛知県豊明市・女性）

「93歳の者です。1944年の4月から、学徒動員で工場生活。陸軍造兵廠高蔵製造所。12月8日は開戦記念日で、きっと空襲があるから荷物疎開ということになり、地震当日は私のクラスだけ別のところで働いていました。お昼過ぎに地震。「防空壕へ入れ」とどなった人がいましたが、つぶされそうで、私たちはうずくまっていました。目の前の大きな防火用水槽の水が大波を打ち、100メートルほど南の工場の丸い煙突は折れ、い

全壊した織物工場

半田市成岩の神戸川下流の西岸にあった半田織物株式会社の惨状。土管をつないだ特徴的な煙突は倒れていない。

つも働いていた部署では班長さんの『女学生を先に出せ!』という指示があり、女学生の後に続いた少年工のお2人が崩れたレンガの壁に押しつぶされ亡くなりました。後日慰霊祭がありました」(手紙/岐阜県中津川市・女性)

「84歳の者です。戦争中、地震という天災。学校の運動場に建具を持ち出して夜を過ごしたものです。子どもにとっては原因も何も分からず、怖さのみ。また、夜は爆弾により近くの空が赤く染まる日々」(手紙/愛知県一宮市・女性)

多くの人が文中で「いま語らないと、後世に伝えられない」「死ぬ前に話しておきたい」と口を揃えた。その数は全部で30件ほど。インターネット全盛の時代にあって、電話や手紙で「肉声」を届けようとする数がこれほどまでに積み上がるケースは、そう多くない。

＊　＊　＊

私のもとに届いた声に限らず、おそらくは、東海地方のあちこちでこの記事をきっかけにした会話が交わされたのではないかと思う。両地震を経験したおじいさん、おばあさんから、東日本大震災の記憶も新しい孫世代へと。
災害や戦争は、人それぞれに経験の内容が違う。ともに改めて「命」の大切さを説き、教訓として後世に語り継がれるものでありながら、その経験には当然、濃淡がある。だからこそ、教科書や歴史書で知るだけでなく、肉親や親しい人から生々しい経験を直に聞くことに大きな意味がある。実際、私もそうなのだ。祖父は赤紙一枚で戦地へ赴き、復員後すぐ、今度は昭和南海地震に遭った。「津波から逃げようと、駅裏の土手を駆け上がった。畳に乗って流されていくおばあさんがいた」。そう聞かされていなければ、日々の平穏への思いが今ほど強かったかどうか。

戦中の昭和東南海地震、三河地震。さらに近年では、阪神淡路大震災や東日本大震災、熊本地震もあった。終戦記念日前後に「8月ジャーナリズム」と呼ばれる報道が顕著になるように、震災関連の報道もまた、時を経れば、「一年のうち一時期に見聞きするもの」に変化してゆく。被害の大きかった地域で生まれ育ったり、被災後もその土地で暮らし続けたりしていなければ、常にその被害やできごとを覚えておくことは難しいのかもしれない。

実際の体験者が減っていけば、なおさらだ。それでもそんな中にあって、個人の体験を記録し伝えていくことには大きな価値がある。「地震体験」と一括りにしてしまえば同じだが、人の数だけ違う経験があり、違う思いがあり、その先にも人の数だけ違う人生が続くからだ。教科書で学ぶ歴史は、社会で生きるひとりひとりの人生の積み重ねで成り立っている。いずれ「歴史」となる記憶を、個人や地域が受け継いでいくことの重要性は、「はんだ郷土史研究会」の活動が証明してきた。これからも証明されていくだろう。新聞記事はそういった活動を、ほんのわずかだけ、お手伝いしているに過ぎない。

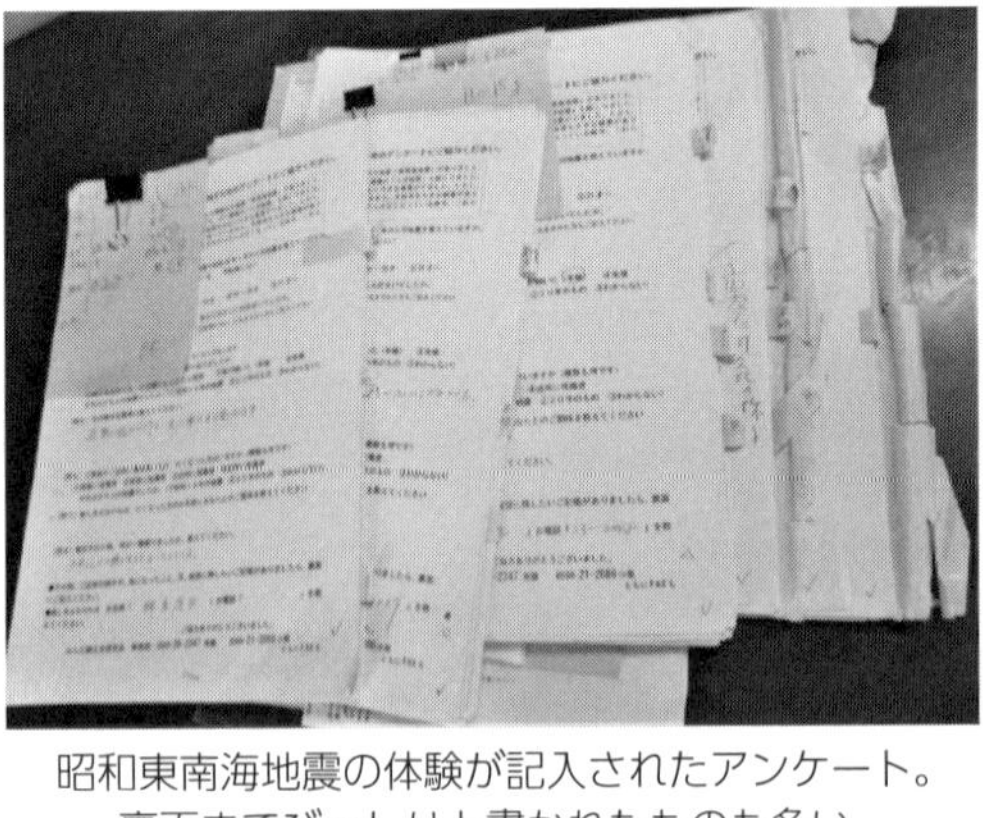

昭和東南海地震の体験が記入されたアンケート。
裏面までびっしりと書かれたものも多い。

目をつむると、手紙に並んだ文字列が思い出される。ほとんどが震えたり、崩れたり。戦下の2地震を経験した人たちは、今や高齢だ。弱くなった握力で一生懸命ペンを走らせたのだろう。その筆跡からは、文字が〝肉声〟となり、訴えかけてくる。「忘れないで」「今まで言えなかった話を聞いて」。

両地震から80年近く。生き証人たちが存命の今だからこそ、再度その語りに耳を傾けたい。

（高田みのり）

昭和東南海地震

大地震の最大の被害地は半田市だった

１９４４年（昭和19）12月7日13時35分40秒、M７・９の地震が発生した。震源地は三重県紀伊半島沖。プレート境界型巨大地震である。甚大な被害は三重県尾鷲市から伊勢湾沿岸の各地、名古屋市、半田市、さらには静岡県まで及んだ。

この昭和東南海地震の死者の総計は１２２３人。そのうち愛知県は４３５人、三重県が３７３人、静岡県が２９５人。この3県で93・2％を占める。

市町村別に死者・傷者数をみると、１番多いのは愛知県半田市で死者１８８人＋傷者２８６人、２番目は三重県尾鷲町で死者96人＋傷者40人、３番目は名古屋市南区で死者91人+傷者１８９人、次いで静岡県袋井町の67人+１０１人、三重県北牟婁郡錦町の64人+３人と続く。

この大地震で最も被害があったと概念的に思っていたのは、津波が到来した三重の伊勢から尾鷲辺り、もしくは極めて強震で東海道本線の線路が埋没したと聞いていた静岡の袋井から清水辺りと思っていた。だが実際の数字をみると半田市が最も被害が多い。これは意外だった。

全壊家屋数をみても半田市は８００棟で清水の８４０棟に次いで２番目。尾鷲は６４６棟、袋井は５８６棟だった。

しかし震度はこれに比例していない。強震は静岡の袋井や山梨町の震度7が最強で、三重の北牟婁郡、南牟婁郡の一帯の震度６強がそれに続くが、半田市は震

昭和東南海地震　半田市山方新田の惨状

遠くに阿久比川の松並木が見える。片付け作業が始まっているから震災の２，３日後だろうか

度6弱である。それなのに被害は大きい。
その半田市で象徴的なのは中島飛行機半田製作所の被害である。半田市全体では188人が亡くなったとのことだが、そのうち154人が中島飛行機半田製作所で勤務中での罹災死である。うち97名が動員学徒であった。
本書はその半田市の罹災状況を実際の体験者の声を集めて真実を探っていきたい。それと共に中島飛行機半田製作所と学徒動員生についても少し、突っ込んで実態に迫りたいと思う。

（この章の被災数字は名古屋大学減災連携研究センター発表のものを参考にした）

（西まさる）

以降、筆者名の記載がない章は西まさるが担当

戦時下、徹底的に隠された大地震

震災被害のあった太平洋沿岸部には敵機、敵艦迎撃のための砲台や高射砲陣地、

レーダー基地が数多くある。特に伊勢湾は米軍機が名古屋方面や阪神方面、日本海側の各地に空襲にむかう空路であったので紀伊半島や知多半島には敵機迎撃のための陣地や施設が多数造られていた。

また、知多半島の南知多町大井には一人乗りの潜水艇で魚雷を抱いて敵艦に体当たりする人間魚雷「回天」の基地、南知多町片名にはベニヤ板製のモーターボートの舳先に爆薬を積んで敵艦に体当たりする「震洋」の基地もあった。三重県鳥羽の加布良古にも同様の特攻基地があった。さらに志摩半島や紀伊半島の南西部には、上陸してくる米軍との地上戦を予想して、トーチカ（地下要塞）や地下壕が無数に造られていた。

時は太平洋戦争末期。空襲も激化して敗色濃厚な頃。米軍の日本本土への上陸も現実味をおびていた。上陸地点は関東なら房総半島、中部なら紀伊半島の伊勢湾側と軍部は睨んでいた。つまり伊勢湾岸は米軍の上陸を阻止する戦略的重要地点なのである。特殊特攻基地がこの地域に多いのもそれが理由なのだ。

この地の砲台やトーチカなど重要な国土防衛施設が壊滅していることを米軍に知られると危険極まりない。ここが無防備だと知られると米軍は明日にも上陸作戦を開始するかもしれない。この震災被害は絶対に隠しておく必要があったのだ。

さらに、名古屋市を中心とした中京工業地帯は日本有数の軍需産業地帯である。特に軍用機製造は、名古屋市の三菱重工業や愛知航空機、半田市には東洋一の近代工場といわれる中島飛行機半田製作所があり、この3工場で日本の軍用機の約30%が造られていた。まさに戦争遂行のための兵器・兵站製造の要といえる一帯なのである。それらが大地震に襲われ、壊滅的な打撃を受けたのであった。

政府（軍部）はそれらを米英など敵国に知られることを恐れた。この地震の震源地は三重県志摩半島の南南東約20㎞が震源地と分かっているにも関わらず、「震源地は遠州沖」と虚偽の発表をし、地震の名称も当初は「遠州灘地震」とした。その後、名称は「東海地震」「東南海地震」と文献により変わっているのは隠蔽工作に沿った過ちの連鎖だ。これはひとえに軍事施設や軍需産業が集中する中部地方に被害はなかったように思わせる計略の結果である。

さらに政府は自国民にも被害を隠した。このような大きな被害を国民が知ることで戦意高揚意識が低下することを警戒したのだ。政府は徹底した情報隠蔽を図った。

そんな当時の政府は今回の罹災状況をどの程度把握していたのだろう。調べてみて驚いた。

『内務省　勤務日誌』昭和拾九年十二月七日・閣議報告「中部近畿地方地震の状況」（昭和一九一二一七　午後十二時現在）では詳しい被災状況を地方別に記載して、最終ページに（第七報）として一覧表（次ページに掲出）に纏めてあるのだが、その数字は2019年（令和元）に名古屋大学減災連携研究センターが纏めたものに近い。当時の政府は昼の13時35分に発生した震災の罹災状況を深夜12時には相当正確に掴んでいたのだ。

例を示すと、愛知県のこの震災による死者数は、1944年の当日に調べた内務省一覧表には「228人」。2019年の名古屋大学調べは「350人」。全壊家屋は、内務省が「4316戸」、名古屋大学が「5859戸」である。

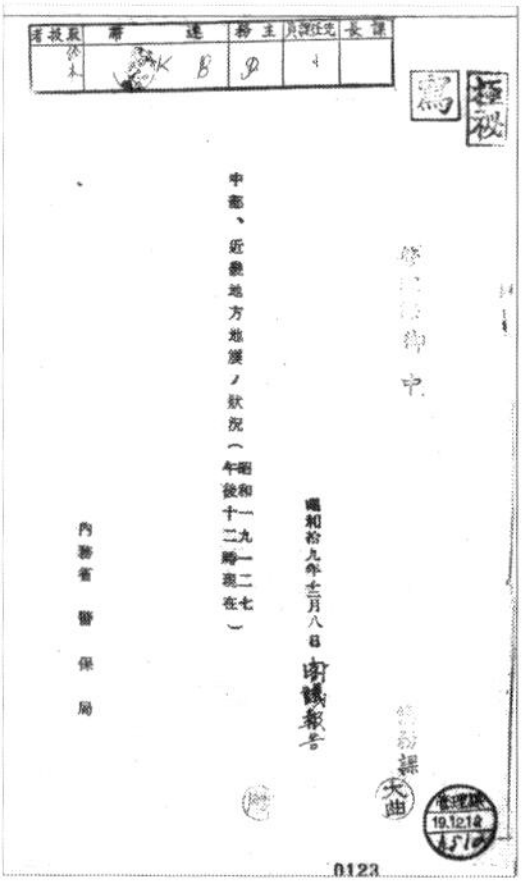
課長 主任 主務 連帯 取扱者
極秘
昭和拾九年十二月八日 閣議報告
中部、近畿地方地震ノ状況（昭和一九一二一七 午後十二時現在）
内務省 警保局
0123

内務省・警保局発行の同日午後12時調べの「地震ノ状況」　昭和19年12月8日閣議報告とある。「極秘」の判

「中部近畿地方地震の状況」(昭和19年12月7日　午後12時現在)

中部近畿地方地震被害状況一覧表（第七報）

昭和十九年十二月七日二十四時現在
内務省警保局

府縣別＼區分	人 死	人 傷	人 行方不明	人 計	區別	家屋 全潰	家屋 半潰	家屋 全燒	家屋 半燒	家屋 流出	家屋 浸水	家屋 計	橋梁破壞	備考
靜岡	228	582	1	811	住	5383	6582				400	12365		中島航空、小糸航空共ニ全潰、袋井、磐田間貨物列車顚覆、學校倒壞21、船舶破損50、流失沈沒30
					非	1858	2108					3966		
愛知	247	772		1019	住	2362	5419	2	7			7790	10	煙突倒壞207、船舶流失4
					非	1954	1679					3633		
三重	151	106		257	住	467	1256		2	847	2850	5422		工場倒壞12棟、全半壞15棟、船艇流失100
					非	225	265		1			491		
和歌山	18	27	3	48	住	26	153			70	30	269		船艇流失30、木材流出3000本
					非									
岐阜	10	33	1	44	住	232	264					496		工場倒壞6棟
					非	218	109					327		
大阪	7	94		101	住	215								工場倒壞14棟、同小破2
					非	58	408				2100	2781		
奈良		6		6	住	39	12					51		
					非	19						19		
滋賀		1		1	住	15	68					83		工場全壞3、國民學校半壞1
					非	6	13					19		
福井		3		3	住	3	4					7	2	
					非	9	10					19		
山梨					住									
					非	26	10					36		
長野		3		3	住									工場倒壞8棟、中學校1棟倒壞
					非	5						5		
兵庫		2		2	住									
					非	3						3		
京都		2		2	住	3	2					5		諸賀陽宮邸築堤約40米倒壞
					非	3						3		
徳島		2		2	住		4					4		
					非		2					2		
香川					住	1						1		
					非									
合計	661	1633	5	2299	住	13130	18368	2	10	917	5370	37797	12	
					非									

震災直後の調査より後年の方が被害実態の把握が進み、数字が大きくなるのは当然だろうから、当時の内務省警保局調べは迅速かつ正確だったとみていい。そしてこの被災状況を政府は隠蔽にかかった。

報道管制の実態

政府の執った罹災状況の隠蔽のはじめは報道管制である。これは『内務省　勤務日誌』の新聞検閲係の日誌でその内容は明確である。同日誌の昭和十九年十二月七日（木）のページに次の記載があった。

（一）全国主要日刊社、主要通信社ニ電話通達
十二月七日ニ午後發生シタル震災ニ関スル記事ハ時局柄
左記事項ニ御留意ノ上　記事編輯相求度
記
一、災害状況ハ誇大刺激的ニ亘ラザルコト

二、軍ノ施設、軍需工場、鉄道、港湾、通信、船舶ノ被害等戦力低下ヲ推知セシムルガ如キ事項ヲ掲載セザルコト
三、被害程度ハ当局発表若ハ記事資料ヲ扱フコト
四、災害現場写真ハ掲載セザルコト

（二）東京都及東海、近畿各府県 主要日刊社 電話通達
本日電話ヲ以テ申入シ置キタル震災ニカカワル記事取扱注意事項ニ左記ヲ追加シタルニ付御了知相求度

記

一、軍隊出動ノ記事ハ掲載セザルコト
二、名古屋、静岡等重要都市ガ被害ノ中心地域ハ被害甚大ナルガ如キ取扱ハ為サザルコト

（三）東京六社電話通達
本日ノ震災ニツキタル記事写真ハ凡テ事前検閲ヲ受ケタル上 御取扱相成度

震災当日に出された僅か20行程の通達だが見事に急所を押さえている。逆の読み方をすれば、同日、名古屋方面、静岡方面で甚大な被害があり、殊に軍の施設や軍需工場、鉄道、港湾、通信、船舶に相当の被害があったことを政府は把握していたことが分かる。そして記事、写真は事前検閲を命令。つまり報道を完全に規制していたことがはっきりと分かる。

このような通達は地震翌日の8日にも行われた。(十二月八日)の『勤務日誌』を以下に示す。

各庁府県電話通達
中部近畿地方震災ニ関スル記事取締要領
一、取締方針ニ付テハ昨日連絡セル注意事項ニ依ルコト
一、事前検閲ヲ励行スルコト
一、被害程度ノ数字ニ関スル発表ハ依然トシテ留保スルコト
一、被害状況ノ報道ハ単ニ被害ノ事実ノソノ報道ニ止ムコトナク復旧又ハ救護

等ノ活動状況ヲ主トシ併セテ被害ノ事実ヲ報道セシムル様指導スルコト

一、記事取扱注意事項第二項ニ示セル各種施設ノ被害ニ付テハ引続キ一切掲載セシメザルコト

一、ラジオ放送ニ付テハ近ク中央気象台発表（簡単ナルモノ）程度ノモノヲ放送スル筈ナルヲ以テ右放送以後地方放送ニ於テ被害対策本部ノ設置等簡単ナル事項ノ放送ヲ為スモ差支ナシ

一、新聞報道ニ付テハ目下ノトコロ制限緩和ノ見込ナキヲ以テ災害地府県ニ於テ人心安定上必要アリト認ムルトキハ本要領ノ趣旨ニ則リ特報掲示ニ依ル報道差支ナシ　但シ被害程度ニ付テハ市町村ヲ単位トスル局地的ノモノニ止ムルコト

東京六社、関係府県主要日刊紙電話非公式指導

厚生大臣ノ震災地慰問ニ関スル記事ハ一切之ヲ新聞紙ニ掲載セザル様記事編集上御注意相成度

これを見ると、「事前検閲を励行すること」、「被害状況の数字に関する発表は留保すること」、「被害の状況だけではなく復旧・救護活動とあわせて報道すること」、「各種施設の被害は一切掲載しないこと」、「ラジオ放送について、近く行われる中央気象台の発表後ならば、被害対策本部の設置など簡単な事項の放送をしてもよい」、「新聞報道について、制限緩和の見込みはないが、人心安定上必要ありと認められる時は報道してよいが、その時も被害程度は市町村単位など局地的にすること」など細部にわたり指導している。全体的な文言から感じるのは前日の通達よりかなり厳格化された印象を持つ。つまり隠蔽を強化したということだ。

電話通達の7日付は東京六社に行われたとある。翌8日付では東京六社に加え関係府県主要日刊紙に電話非公式指導とある。

当時の代表的な新聞社は、朝日、読売報知、東京日日、都、中外、国民。これらの各紙が「東京六社」として通達の対象だった。

しかし「東京六社」にはない中部日本新聞は震災記事を掲載している。中部日本は震災被害地最大の日刊紙だから掲載は当然だろうが、その文字数は読売報知や朝日の3倍以上。内容は「震災に怯まず復舊」と、取りあえず震災の被害があったことは認めて「怯まず頑張ろう」の趣旨の記事にしているのは自主規制だろうか、あるいは忖度したのかもしれない。

いずれにしてもこの記事は、7日付通達の対象外の中部日本だから内務省の事前検閲は受けていなかったのだろう。これを知った内務省は通達外の記事を書かれてはいけないと慌てて翌8日に「関係府県主要日刊紙」に通達を出したのだろうか。ここであえて「非公式指導」と記す意味はよく分からないが、ともあれ中部日本も内務省の指導下に入ったわけだ。

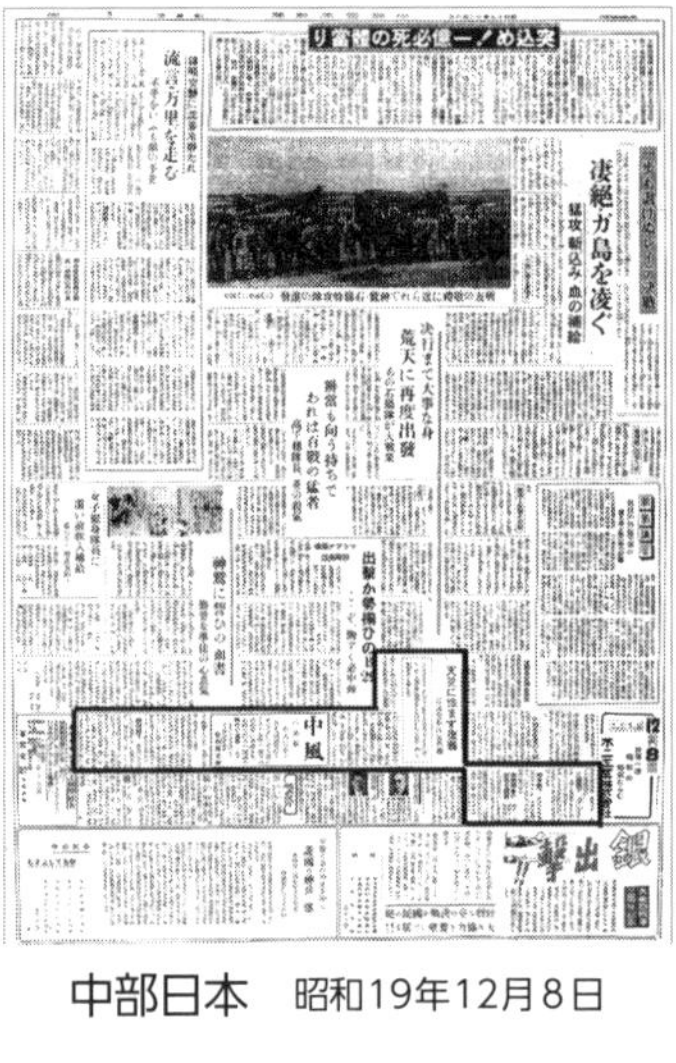
凄絶ガ島を凌ぐ

中部日本　昭和19年12月8日

各紙の震災翌日の8日の紙面をみる。ちょうどこの日は太平洋戦争開戦の記念日、大詔奉戴日《たいしょうほうたいび》だった。したがって各紙の紙面は、天皇陛下の写真を掲載するなど戦意高揚記事が大部分を占めていて、先の3紙以外に震災記事はない。当時の新聞は紙不足もあり各紙2ページだけの紙面。紙幅もないので規制のうるさい地震の記事など後回し、だったのかもしれない。

そんな中、読売報知はベタ記事だが地震を報じていた。「きのふの地震」として「中央気象台七日十五時五十分発表＝本日午後一時三十六分頃遠州灘を震源を有する地震が起こって強震を感じ被害を生じたところもある」の記載である。

この記事から大地震の発生や大きな被害をうかがい知るのは無理で、虚偽の「遠州灘が震源」ばかりが目立つ。

朝日も8日朝刊で地震を伝えている。見出しは「昨日の地震　震源地は遠州灘」。本文は、「十二月七日十五時五十分発表（中央気象台）本日午後一時三十六分ごろ遠州灘に震源を有する地震が起って強震を感じて被害を生じたところもある」。

また、東京日日（現毎日）も同日「きのふの地震」のベタ記事を2面最下段に載せていた。文面はまったく同じ。

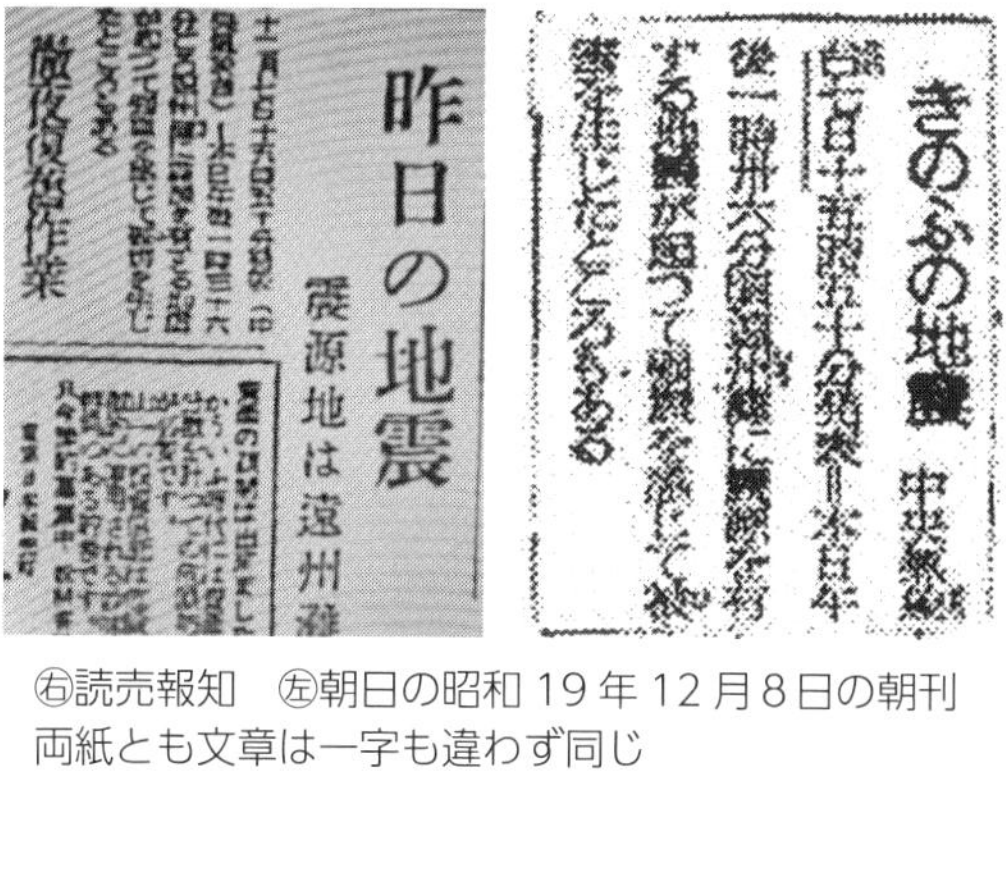
きのふの地震

昨日の地震
震源地は遠州灘

㊨読売報知　㊧朝日の昭和19年12月8日の朝刊
両紙とも文章は一字も違わず同じ

何と読売報知も朝日も東京日日も一字一句違わぬ文面である。言うまでもなく内務省の提示したひな形の文章そのまま掲載したもの。いかに締め付けが厳しかったかが分かる。

一方、被災地である中部地方が地盤の中部日本は愛読者の多くが被災者。それも相当の被害を被っている当事者なのだから事実を否定するような虚偽の記事は書けるわけはない。翌9日からこの地震でかなりの被害があったことを前提とした記事を掲載している。

見出しは、「震災は天の試練　隣人愛に明るき復舊」、「家はなくとも身体あり　この意気が勝利の力　罹災民を激励」、「自宅倒壊にも帰らず生産死守、職場の挺身」。記事は十段抜きという大きなスペースである。

住む家は倒壊、家族や友人が多く被災死している地域にいくらなんで

中部日本　昭和19年12月9日 2面
2面しかない紙面の半分を罹災家庭向けの記事に使用している

も「被害は軽微」との記事は載せられない。中部日本は政府と相談もした結果だろうが、「地震に負けず頑張ろう」「まだ戦争中だ。生産が戦闘だ！」の姿勢の記事に方向を転換している。

その一方、紙面は被災者の生活再建支援制度を知らせている。新聞は報道に加え、市民への連絡・通達を知らせる市報のような役目も負っていたかのように丁寧に支援策を記している。

主な支援策は、「名古屋市では八日には罹災者に対する市の見舞金として、死者五十円、重傷者三十円、住家全壊五十円、同半壊三十円」。

「住宅被害の多い地帯にはそれぞれ臨時貸家相談所を開設し、その他、八日特別に入荷した、みかんと甘藷を罹災地帯の配給に振り向け九日からは更に魚類も極力配給することになった」。

「庶民金庫では罹災者に復旧資金を次のように貸出す。一世帯一千円但し特別の場合は二千円まで」。

「名古屋市内の被害建物は八日早朝から警防団はじめ町内会、隣組等の勤労奉仕で整理が開始された。一方、市では建築課の技術員をそれぞれ現地に派して被害建物の実地調査を行った上、復旧可能建物に必要な技術的指導を開始した。なお、修復不可能な建物はこれを機会に疎開指定地域に準じて疎開を断行し、建物の買い上げや家族の転居に極力有利な条件を付する方針である」。

これらの記事を読んだ最初の感想は、「こんな手厚い救済処置。本当だろうか」であった。それも支援策の発表は大地震発生の翌日である。迅速だ。その内容も、「見舞金を出す」、「貸家を斡旋する」、「食料を配る」、「復旧資金を貸し出す」、「家屋の修復に技術者を派遣する」、「修復不可能な家屋は買い上げる」などまさに不足のないものだ。

これが太平洋戦争末期、「欲しがりません勝つまでは」、「滅私奉公」が全てだと思い込んでいた時代のことだから心底驚いた。

近年の日本、東日本大震災や熊本地震など多くの罹災者を出す天災が続いている。現在も熱海土石流被害は解決していない。これらの被災者支援について詳しくはないが、まさか昭和19年より劣っていないよね、って皮肉を言いたくなった。

さて、そんな連絡事項を列記している記事を読んで、なぜかほっとする自分に気がついた。

それは当時の軍事政府が戦意高揚、生活統制、精神動員を大上段に振りかざし、「進め一億火の玉だ」と日常生活など無視して突撃ばかりを強いていたと思っていたからだ。現に中島飛行機半田製作所の工場には「死方用意！」と大書された横断幕が掲げられていたという話も聞いている。また、当時の訓示の記録がいくつもあるが、ほぼ例外なく、「前線では特攻隊が皇国のため命を懸けて戦い、華々しく散っている。お前たちも特攻精神をもち、飛行機造りに命をかけるのだ」と檄を飛ばしている。

このように、お上は国民の生命など端っから軽視していた…、と思っていたのだが、この記事は国家が意外に優しく丁寧な救済処置を執っていたことを伝えている。この不思議なギャップに大いに戸惑っているのである。

その不思議なギャップの出発点の一つに、この時代に発行された新聞を読んでいて、その嘘だらけの誇大記事に辟易《へきえき》していたこともある。そんな虚偽だらけの紙面に、生活困窮者を救済するという愛を感じる記事をみつけ、生き返るようにほっとしたのでもあった。

戦時下の大本営発表や戦争報道のほとんど全部はプロパガンダであり、嘘であり、故意に誤報を流していたともいえる。知る権利という耳をふさがれた国民はこの誤報を真実として受け止めていたのだ。罪深いことだ。

ちなみに故意に誤報を流していた新聞社と新聞記者を今さら責める気はないが、令和の今こそ過ちを繰り返してほしくないと思う。

この戦時下の生活再建支援制度と新聞の役割などについて、現役の新聞記者である高田みのりさんはどう考えるのか訊いてみたい。

手厚い救済措置は見せかけ

まず生活再建支援については、西さんと同じく「確かに手厚いな」というのが第一印象である。

ただ、伏せられていたとはいえ敗戦が色濃くなり、金銭はもちろん物資や食料すらも乏しかった時代にしては手厚すぎる印象も受ける。もしかすると、迅速な対応と充実した救援策を打ち出すことで、県ひいては国の余力（実際にはなかったわけだが）を示し、安心感を与えて、「今後もしっかり励めよ」と鼓舞する狙いがあったのかもしれない。

実際、震災翌日に三重県で出された公報号外の趣旨は、県知事名で「罹災民の救護を全くすると共に銃後の安固を確保し、以て非常時難局の突破に全力を傾注せられんことを望む」とする内容だったという（『１９４４東南海・１９４５三河地震報告書』、２００７年、災害教訓の継承に関する専門調査会報告書）。

どれだけの人が手厚い救済措置を受けられたかも疑問が残る。

前出のように、12月9日の中部日本新聞では支援内容を詳細にわたって報じた。ところが、記事では直後に「しかし」と切り出し、行政の発表策から一転、市民による自主的な復旧活動を紹介、賞賛している。具体的にはこうだ。

【一般市民の復興意欲は凄まじく自家飯米を持ち出して応急炊出しを行い罹災民の収容に各自家庭を解放するなどうるわしい隣保愛を見せ・・・（後略）】

その後も応急的に組織された「緊急工作隊」や職業婦人会による活動内容をつづり、そのたびに「健気」「感激の的」といった言葉でほめちぎった。

さらにその後、記事はいきなり起承転結の「結」に向かう。

【名古屋市を除く愛知県下各地の復旧状況は（中略）豊橋方面は8日中に、渥美方面は7日夕刻までに大部分復旧、（中略）半田地方は罹災者への必需物資の配給も急速に行われ力強い復興を辿っている】

大被災地のひとつであった半田が力強い復興を辿っているなど、被災からたった2日後（記事の執筆は被災翌日だ）に断言できるわけがない。それにも関わらず、一方的に「もうほとんど復興した」という見解を報じてしまえば、「欲しがりません勝つまでは」の精神や我慢が美徳とされた当時において、声を大にして支援金の受給を求めることなど難しかったのではないだろうか。

いずれにせよ、情報管制下に置かれた当時の記事からでは、その詳細を知ることができない。被害状況はもちろん、こういった救済措置に関する部分でも、何人が相談に来たのか、何人が見舞金を申し込んだのか、そもそもどう申し込むのか、需要に対する供給量はどのくらいなのか、窓口はいつまで続けるのか…、など詳細はほとんど伏せられているためだ。戦意高揚を煽る直接的な記事でなくとも、県や国など権力側からの情報をそのまま書いてしまうことの危うさを感じた。言われるままに情報を並べただけの記事では、今のように、後に検証することも難しい。

現代にも通じることだが、発表された情報をそのまま報じるのは単なる「広報」であり、「報道」とは別物だ。当時は時代的背景からも詳細な取材ができなかったり、書いても検閲に引っかかったりしたのかもしれない。それでもメディアが読者ひいては市民、国民のために存在する媒体である以上、書き手である記者が一方的な情報を鵜呑みにし（騙され）、そのまま読者へ伝える（騙す）ことがあってはならない。

（高田みのり）

箝口令の実態を探る

新聞記事は事前検閲を受けていた。では一般の国民に対して「地震やその被害に関することは話題にしてはいけない」という箝口令《かんこうれい》のようなものは発出されていたのだろうか。その辺りの証言を集めてみた。

当時、中島飛行機半田製作所には学徒動員された青少年が1万3千人以上もいた。その学徒たちにも厳しい箝口令がしかれていたのだろうか。

「地震のことはそれを話題にすることも憚られる雰囲気だった。私たちが故郷へ出す手紙にも地震のことを書くことを禁止された」（寄稿／香川から中島・半田に動員・坂田さん・女性　当時17歳）

「誰に言われたかの記憶はないが、先生も上司も親も『地震のことを口にしちゃいかん』という雰囲気が私たちの周囲を支配していた。友達とも地震の話は避け

ていた。その空気がとても恐かった印象が残っている」（手紙／中島・半田に学徒動員・榊原さん・男性　当時国民学校6年生）

黒沢映画に数多く出演している俳優の土屋嘉男さんは同時期に中島・半田に動員されていて、各所で学徒動員の実態や被災体験を話している。その中で昭和東南海地震に関して「厳しい箝口令はあった」と証言している。

愛知県第二高等女学校二年生の時、名古屋の三菱電気工場に勤労動員されていた伊藤朝子さんからの手紙にも箝口令について書かれていた。

まずは地震の当日の様子や「工場の仕事は中止となり、名鉄の鉄道の上を蟻の行列よろしく歩いて帰った」。そして「地震の被害については厳しい箝口令が発せられた」とあった。

「箝口令はどのように出されたのか」を中島飛行機半田製作所の従業員や動員学徒の多くの人に訊いたが具体的な返答は一つもなかった。つまり、どこかで上意下達があったのかもしれないが、当時の人々はそれを直接聴くことはなく、自主的、自戒的に口を噤《つぐ》んでいたとも思えるのだ。

「箝口令はどのように…」の問いの答えで、さもありなんと思ったのは、はんだ郷土史研究会の会長も務めた黒田鋭三さんの証言である。黒田さんは半田中学校の時に中島飛行機に動員されて終戦まで勤務。戦後は徴用工仲間と「海潮会」という同窓会をつくり長年に亘り懇親を続けた人。同研究会の昭和東南海地震の2005年体験調査にも中心的に関わっている。

その黒田さんは、「大地震の後、箝口令は確かにあった。中島の場合は海軍将校が監督官として常駐していたのでその人が口頭で発したのだろう。それが上層部からの命令かどうかは分からない。しかし箝口令が出ようが出まいが当時の我々は御国が不利になることなど口にもしない。皇国の惨めな様子は見ない、話さない。それが絶対的な姿勢だった。当時の我々学徒の世代は生まれた時から軍国主義教育を受け、骨の髄まで軍国少年だった。実際、地震のことを話し始めたのは終戦後からだが、その戦後でさえ、周囲を気にして声をひそめて話すほどだった」

と言った。

皇国の惨事は「見ざる、聞かざる、言わざる」が絶対的な風潮。軍国主義、全体主義国家のマインドコントロールが見事に機能していたわけだ。

この地震の時の箝口令ではないがこんな例がある。

中島・半田では艦上攻撃機「天山」を977機、艦上偵察機「彩雲」を427機、計1404機製造した。製造された飛行機は同社の飛行場から納入先の豊川などの海軍基地へ向けて自力で飛んで行くのだが、滑走路を走った飛行機の全部が無事に飛び立てたわけではない。これは、何人もが「本当だよ」と耳打ちしてくれた話だ。

「滑走路から海に一直線。1メートルも飛べない飛行機が何機もあった」。「そんな現場はかなり多くの人が見ている。けど、そんなことは誰もが見なかったことにしている」。

ここにも御国の失敗や困りごとは「見ざる、聞かざる、言わざる」が絶対的な風潮。それがあった。大地震に傷み付けられた御国の国土や施設の様子もしかりなのだろう。

２０２１年の調査の時、西尾市の某氏から電話が入った。情報隠蔽に関する貴重な証言である。

「昭和19年12月の大地震の時、私の実家は碧南市（当時碧海郡）にあって住家は半壊した。家に隣接していた2つの小屋は全壊だった。そこで父は名古屋に嫁いでいた娘を案じて手紙を書いた。内容は、『我が家は半壊した。お隣はもっとひどい。お前の家は大丈夫か』というごく普通のものだ。ところが翌日、父のところに憲兵が来て、父は連行された。幸いすぐに戻って来たが、娘のところに出した手紙が郵便局で検閲されていたのだ」。

某氏と書いたのは本人の要望。「この話は父から直接でなく兄から聞いたもの。但し、叔母も姉もまったく同様のことを言っているので内容に嘘はないはず。だから公表しても差し支えないと私は思うし、こんなことが実際にあったことはひろく伝えておくべきだと思う。でも、明治生まれで軍人の経験もある父にとって、

『憲兵に引っぱられた』ことはとても不名誉のことで伏せておきたい気持ちが強くあることは息子の私にはよく分かる。こんな事実があったことはみなさんにぜひお知らせしたい。しかし亡父の名誉を守るために実名は出さないでほしい」とのことだった。

某氏はこの地方の人なら誰もが知っている企業の管理職。何度か交わした電話のやりとりもその企業の電話だった。そんな点からも信用に足る情報と思う。

但し、ここで言う「憲兵」は正規の官憲ではなく、地元の「警防団」か「国防婦人会」かもしれない。これらの団体は民間組織だが官憲並の権力を持っていた。そして強引な〝非国民狩り〟をしていたことは知られたことだ。

但し、自警団等はただの民間組織ではない。手許に自警団幹部の任命の依頼書があるが、それを見ると宛先は愛知県知事。すなわち自警団員は県知事に任命された見なし公務員となる。団員の中には虎の威を借る狐よろしく、権力を盾に威張り散らす者もいた。あの悪名

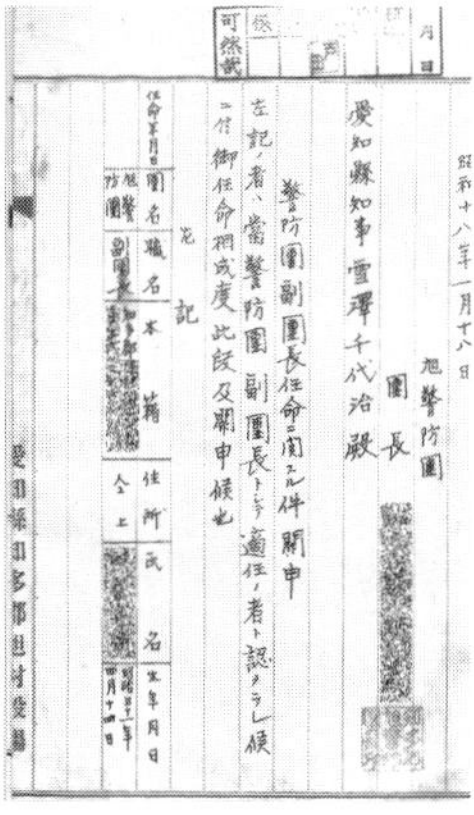
昭和十八年一月十八日
旭警防團
團長 [redacted]
愛知縣知事 雪澤千代治殿
警防團副團長任命ニ関スル件副申
左記ノ者ハ當警防團副團長トシテ適任ノ者ト認メラレ候ニ付御任命相成度此段及副申候也
記

任命年月日	團名	職名	本籍	住所	氏名	生年月日
	旭警防團	副團長	[redacted]	仝上	[redacted]	

自警団副団長推薦の上申書

高い「金属供出」も回収の先頭にいたのは警防団や国防婦人会だ。そして善良な国民は警防団らの横暴に眉をひそめながらも従わざるを得ない風潮だったのだ。

しかし、この「郵便局で検閲」には驚く。検閲の命令が上層部から来たのか、あるいは郵便局長が自警団的な発想で実施したのかもしれないが、「地震で家が壊れた。お前の家や家族は大丈夫か」と娘に手紙を書いた父親が官憲や自警団に連行される。そんな恐ろしい時代だったことは忘れてはならない。

箝口令で被災状況に蓋をされると、同時に情報が遮断される。つまり救援や援助を求めるSOSの声も遮断される。どこで誰がどんな被害に遭っていたか、あるいは屍になっていても分からないということだ。随分、簡単に書いてしまったが、苦しんでいる人の「助けて！」の声がどこにも届かない。これほど悲惨なことはない。

本項とは無関係だが、警視庁特別高等警察部検閲課による検閲作業の様子を撮ったよく知られた写真（1938年（昭和13））　= Wikipedia

「昭和19年の地震の時、母の実家は半田市瑞穂町にあって被災した。その時、母は福井県に嫁いでいて長女の私は5歳だった。この地震で母の父が亡くなり、母の兄は障害が残るほどの大怪我をした。それを知ったのは地震から4ヵ月も経ってからだった。母の号泣の声が今も聞こえるようだ」(手紙／福井・丸岡市在住の女性　当時5歳)

遮断された情報はさらに悲劇を生むのだ。

さらにこんなお手紙にも目が止まった。手紙はご自分とご家族の被災体験を書かれた後に、こう続いていた。

「よく分からないことは書きたくないのだが、昭和東南海地震の死者数はおかしいと思う。愛知県だけでも全壊家屋は6千棟、半壊は2万棟。それなのに死者は4百人程という。平成23年の東日本大震災の死者は約1万8千人、阪神淡路大震災の死者は約6千人。かの関東大震災は10万人が亡くなっている。それに比べ、昭和東南海地震の死者は少なすぎる。

私は素人だから地震の規模等の詳しいことは分からないが、何か変だ、と思って調べるとこんなことが書いてあった。『この地震の死傷者が少ないのは、当時の国民が防空訓練や防火訓練を毎日のように励んでいて、また隣組などの地域連携もよく、地震に際してもお互いが助け合い、防火や救助をなしたので被害は少なく抑えられた』。被害が少ないのは日頃の防空訓練のおかげだ、と言うわけだ。私はそうは思わない。死傷者が道端に放置されていたという話も聞いている。この震災の被害や死傷者数は隠され、逆に防空訓練などを美化している。変な話だ」(手紙／名古屋市在住・伊藤さん・男性　当時小学生)。

罹災状況の隠蔽は明白なのだから死傷者数も矮小化するのは当然の流れだろう。そして天災に人災が加わり被害が拡大したと思われることは絶対に避けたい国家権力は、国指導で行っている防空訓練などが被害の拡大を防いだのだと逆に政策を正当化、美化しているわけだ。

伊藤さんのご意見に私も肯く。

空襲の対応や防空訓練がこの地震の時に役に立ったかどうかを実際に訓練を受

けていた新美さん（当時11歳）に訊いた。

「半田や名古屋の空襲警報発令は敵機が紀州沖に現れた時に出される。それから15分後とか20分後に敵機が見える。その時間に火の始末を済ませて防空壕などに逃げるわけだ。地震は予測なしにいきなりドスンと揺れが来るのだから空襲と同じには出来るわけがない」。

これも参考になった。


隠された大震災。真実の隠蔽。今日、何とか生きた証言を集めてその隠蔽の蓋をこじ開けたいものだ。


このように政府は懸命に被害を隠そうとした。しかし、この巨大地震と大被害を隠しきれるわけはない。政府は「地震はあったが被害は軽微」として矮小化を図るのが精一杯だった。しかしどう隠蔽しようが、どう矮小化しようが米軍は伊勢湾岸の防空施設壊滅の実態を見抜いていた。

大地震より6日後の12月13日である。日本軍の伊勢湾岸の守備能力が無力化しているのをあざ笑うように、米軍のB29爆撃機が90機の大編隊を組み、伊勢湾をゆうゆうと北上した。そして名古屋市内を空爆。三菱重工業大幸工場などを壊滅させた。これが初めての本格的な名古屋大空襲であった。

大地震や大空襲を予測していた？

昭和東南海地震は12月7日だが、数々の証言をみると、まるで大地震が来るのを知っているように、「今日は早く帰りなさい」、「明日は登校しなくていい」と言った指示があちこちであったようだ。それは半田市でなく名古屋や東京でのことが多い。

国鉄の駅員だった父親から聞いていたという一宮市の河合さんの談。「例の東南海地震の前日、父は上司から『明日は大変な事が起きるかもしれない。いつでもウヤの指示が出来るように準備しておけ』と上司から言われていた。そして当日は大地震。速やかにウヤの指示が出せた」。

ウヤとは国鉄の符牒で「運転止め」の意味という。「明日は大変な…」は、まさか地震の予兆を国鉄が掴んでいたわけではないだろう。翌12月8日は太平洋戦争の開戦記念日。このような祝賀日を狙って米軍は空襲をして来ていたから、その予測だったのかもしれない。

しかし国鉄は確かに「何か」を掴んでいて、主要な職員に危機を伝えていたことは事実だ。


竹内和子さん（当時、金城学院生）からも興味深いお手紙をいただいた。そのまま転記する。

○

私の兄、竹内謙一は、当時東京農大の生徒だったのだが勤労学徒として東京市内の消防署に動員されていた。仕事は、本土空襲の危険が迫っている中、空襲で焼かれた家屋の延焼を最小限に防ぐために、疎開させられて空き家になった家を、打ち壊していくものだ。

地震の前日のこと、消防署の上司から勤労学徒に訓示があった。「現在、米軍の艦隊が空爆の準備を整えて千葉県沖に近づいてる。これは東京への空爆を窺っているに違えない。12月8日も迫っている。この仕事を続けることは学徒諸君には危険である。諸君は家に、郷里に帰りなさい」であったという。それを受けて兄は半田市成岩の実家に帰って来た。

あの時代、東京―名古屋―半田などの国鉄の切符も手に入り難い時代だった。兄はどのように乗車券を手に入れたかは知らない。しかし、12月7日の地震の日、兄は帰宅していて、母や妹ら家族全員7名負傷もなく生きて家にいた。

実は私も金城学院の生徒で、学徒動員のため名古屋の愛知航空機に12月7日には働きにいっていた。ところがその日の朝、神宮前駅広場まで行くと金城学院の同級生がいて、「学校からの通達です。危険だから今日は帰宅しなさいということです」と言った。その為、私はすぐ神宮前駅から折り返し名鉄電車に乗って南成岩駅へ向かい無事に下車。家に帰って中食後に地震に遭った。

兄は消防署の上司から、私は金城学院からの指示。どちらも「速やかに帰宅せよ」である。私の場合は「何がどうだから帰宅せよ」という理由の説明は全くなかった。でも兄は「戦況が悪化、危険が高まっている」と聞かされていた。

ということは、全域の学校や郵便局など官公庁に対しては、危険を事前に通達する制度のようなものがあったのだと考えられる。

兄はこの事を戦後20年も経ってから初めて家族に話した。ということは、よほど戦争の時のことは話してはならないという、当時の社会の空気があったのだなーと、深い闇を感じてならない。

箝口令を逆手にとった米軍のビラ作戦

日本政府は大地震はなかったことにしようと懸命に工作した。自国民にも罹災の実態を隠していた。

それを知った米軍はこれを逆手にとり、「日本政府は米軍が持つ凄い爆弾の破壊力や人工地震さえ造っていることを国民に知られることを恐れて、懸命に隠しているのだ」と宣伝して日本国民の恐怖心を煽り、政府・軍部への不信感を持たせる。そして日本国民を厭戦気分に誘導しようとする作戦である。その名は「ドラゴーンキャンペーン作戦」であった。

具体的には、「この地震は米軍が仕掛けた人工地震だ」「日本の上層部は人工地震の存在が恐いから地震自体を隠しているのだ」「今度は凄い爆弾で空襲しようか、それとも、もっと大きな人工地震にしようか」「米国は何でもできるぞ」と日本国民の恐怖を煽る心理戦である。

米軍は日本国民が恐怖を感じるような文言や怖さが印象的なイラストが書かれている大量の宣伝ビラをB29爆撃機を使い無差別に撒いた。この「伝単《でんたん》」と呼ばれる大量のビラは一般の国民が難なく手にして読んだことだろう。

掲出のビラが一例である。

このビラには家や街が燃えて人々が逃げ回るイラストに次の文言が書かれている。「一九二三年諸君の国に大損害を及ぼした彼《か》の大地震を記憶しているか、米国はそれに千倍する損害を生ぜしめる地震をつくり得る」。

一九二三年の地震とは関東大震災のこと。このビラを拾って読む年代の人の殆

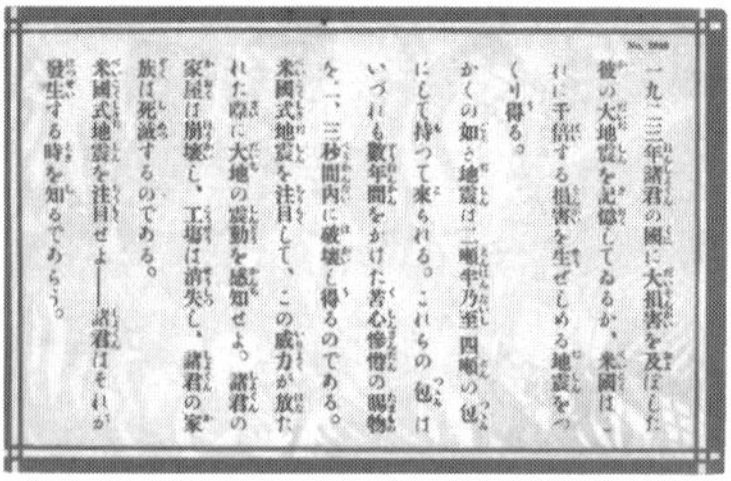

一九二三年諸君の國に大損害を及ぼした彼の大地震を記憶してゐるか、米國はそれに千倍する損害を生ぜしめる地震をつくり得る。

かくの如き地震は二噸半乃至四噸の包にして持つて來られる。これらの包はいづれも數年間をかけた苦心慘憺の賜物を、二、三秒間内に破壊し得るのである。

米國式地震を注目して、この威力が放たれた際に大地の震動を感知せよ。諸君の家屋は崩壊し、工場は消失し、諸君の家族は死滅するのである。

米國式地震を注目せよ――諸君はそれが發生する時を知るであらう。

赤と黒の２色刷りで恐怖を煽るビラ

どは震災の体験者だろうからインパクトがある。そんな大地震を米国は人工的に製造できると言っているのだ。

そして文言はこう締めくくる。「米国式地震を注目せよ――諸君はそれが発生する時を知るであろう」。

現代感覚で見れば、誇張が目立つただの脅しと分かるが、情報がまったく遮断された中に突然現れた新情報である。それなりの心理効果はあったはずだ。

心理戦効果があることを認識した日本政府は反論に出ているのだから、これも一見、馬鹿げているが面白い。

読売報知の記事がある。「人工地震で対日攻勢」の見出しで、「日本攻撃に手を焼いたヤンキーどもは夢の中で夢を見るような計画立て対日攻勢手段を大真面目に研究している」との書き出しで、人工地震を起こし、日本の都市に被害を与える為には5億トンの爆薬や無数の潜水艦が

人工地震で對日攻勢
敵アメリカ・笑止な皮算用

【ストックホルム特電】日本攻撃に手を焼いたヤンキーどもは夢の中で夢を見るやうな計畫を立て對日攻勢手段を大眞面目に研究してゐる、その一つに人工地震で日本をやつつけようといふのがある、この計畫は[illegible]からアメリカの著名地震學者レオ・ランネーといふ男に研究を命じたものといはれ、その計畫は日本本土西岸の[illegible]海域に天文學的數字の爆藥を投下して一擧にこれを爆發させることによつて人工地震を起させようといふもので、東京、大阪、名古屋などの重要都市地域はこのため大震動が起り[illegible]に見舞はれるだらうといふ皮算用だ

ランネーの計算によれば、大[illegible]四千平方哩に仕掛けて相當の地震を發生させるには、五億トンの爆藥が必要であり、多數の潜水艦がこの爆藥を[illegible]の圏に入れて、[illegible]三千呎の海底に沈下させなければならぬといふ、しかもこんな苦勞をして地震を起したとしても果してどの程度の地震が起るか測定することは不可能だといふ結論が出てご破算、さすがのヤンキーもフームと唸つてゐるといふ

読売報知新聞

必要等々で実現は不可能だ」と書いている。

この記事は日本国民に対し「人工地震などない。米国は日本を攻めあぐねて実現不可能なことを言っているだけだ」との説得。つまり宣伝ビラは嘘だから信じるなとの説得でもある。こんな〝広報〟を出さねばならぬほど市井の国民は「人工地震」に動揺していたのだともとれる。

この時代に人工地震があったどうかは不明だ。但し、戦後暫くして原子爆弾を使用して地震を起こす実験は実際にあったようだから、人工地震の有無はあながち否定はできないようだ。


さて、戦中の伝単・宣伝ビラの話に戻る。

1944年の昭和東南地震の直後にも名古屋など東海地方を中心に大量のビラが撒かれた。B29から撒かれたビラの文面はいたってシンプルである。毛筆で「地震の次は何をお見舞いしましょうか」だった。

このビラについては「あった」という証言は複数あるものの、ただの一枚も現物は残っていない。おそらく数十万枚、数百万枚が撒かれたはずだが、ただの一枚も残っていないのもある種の恐怖である。

この地方に大量に撒かれたビラを、「見たことありますか」「拾ったことはないですか」「お持ちの方はいらっしゃいませんか」と、かなりしつっこく訊いて回ったが有効回答はゼロだった。

ここでも御国の悪口を書いたビラなどは「見ざる、聞かざる、言わざる」が絶対的な風潮。ビラを拾って見ていても自主的に処分するのが当時の善良な国民だったのだ。

中島飛行機半田製作所の被災

中島飛行機半田製作所とは

昭和東南海地震最大の被害地、愛知県半田市。その最たる被害は中島飛行機半田製作所だった。その被災実態の検証に入る前に同社について簡単に説明しておいた方が何かと理解の助けになるだろう。

中島飛行機は、1917年（大正6）から終戦まで存在した日本の航空機・航空エンジンの最大手の製造企業。全国に20近い大工場を操業させていた。創業者は中島知久平。第二次大戦終戦までは東洋最大、世界有数の航空機メーカーであった。

その中島が半田市に新工場を建設するため進出したのは、1942年（昭和17）6月。日本が太平洋戦争に突入した半年後、ミッドウェー海戦の直後である。この海戦で日本海軍は空母4隻と艦載機約290機の全てを喪失。好調だった戦局が一転、挫折に向かった。

不穏な空気が陸海軍上層部に流れた。戦局を好転させるためには軍用機の補充が必至のこと。一機でも多く、一時でも早く飛行機を造れ！　軍用機の大量生産は国家存亡にも関わる大事業だった。国は中島飛行機に軍用機の大増産を命令、中島はその命令を受けて半田市に大軍需工場を建設することにした。

同年7月、中島の建設委員が半田市入り。仮事務所を2カ所設置。工場用地の確保や工場従業員受け入れの準備にかかった。

半田製作所のた建設用地は115万坪（約379.5万㎡）が必要だった。しかし確保できる陸地は68万5千坪（約226万㎡）しかない。そこで不足分は海面を埋め立てることにした。埋め立ての土砂は隣村の阿久比町横松にある山を崩しての山土と埋め立て地に隣接する衣浦湾の海底の土砂だ。海底の土砂は一千馬力のポンプ船６隻で吸い上げて使った。作業は清水組（現清水建設）が担った。

そして海面に46万５千坪（約１５３・５万㎡）の造成地が誕生した。これで、１１５万坪の調達ができた。そのうち約35万坪（約１１５・５万㎡）に14棟の工場を建設、約10万坪には病院や養成学校。残りを飛行場として利用する計画で進行した。

工事の地鎮祭は１９４２年（昭和17）８月20日。半年後の１９４３年（昭和18）１月末には組立工場５号棟、６号棟など主要な建物は建てられていた。

半田の町も大きく変貌した。それもそのはず、それまで人口５万人弱だった半田市に一気に中島の従業員や建設関係者など３万人近い人たちが移住してきたのである。人口５万の町が半年間で８万人の町になったのだ。

地鎮祭の模様

衣浦湾のポンプ船

住居が足りない。電気、水道、道路などのインフラ整備も喫緊の事だ。学校もいる。病院もいる。ここでは全国で例をみない規模の都市計画が行われた。

そして地鎮祭から僅か1年3カ月半、1943年（昭和18）12月8日、ここ半田製作所で製造した一番機、艦上攻撃機「天山」が半田製作所の飛行場を飛び立ったのである。

艦上攻撃機　天山

艦上偵察機　彩雲

海面を埋め立てて用地を造成、そこに工場や飛行場の建設。そして飛行機を製造、自前の滑走路から離陸させるのに僅か1年3カ月半。いかに国家総動員の世の中といえど驚異的な早さである。

なお、半田製作所の全体像（次ページに図面）をみると、広大な埋め立て地に建設した軍用機の組立工場を中心とした本社工場、既存の大きな紡績工場を買収または賃借した山方《やまがた》工場（東洋紡績を1700万円で買収）、葭野《よしの》工場（吉野工場とも言う＝山田紡績を賃借＝賃料は不詳）、植大《うえだい》工場（都築紡績を月額2万5千円で賃借）での構成である。これらの紡績会社の社宅や寮も買収、賃借の対象である。さらに各紡績工場の下請け工場の殆ど全部が中島の傘下に組み入れられた。「半田地方では農業以外はすべて中島の飛行機造りに参加」していたのである。なお、カブトビール（現半田赤レンガ建物）も450万円で買収している。

昭和東南海地震で最も大きな被害があったのは死者136人を出した山方工場、次いで18人（20人から23人説も）が犠牲になった葭野工場である。本社工場、植大工場で死者は出ていない。

中島・半田製作所での被災の様子

中島飛行機半田製作所（以降、〝中島・半田〟とする）に勤務していた時に罹災し

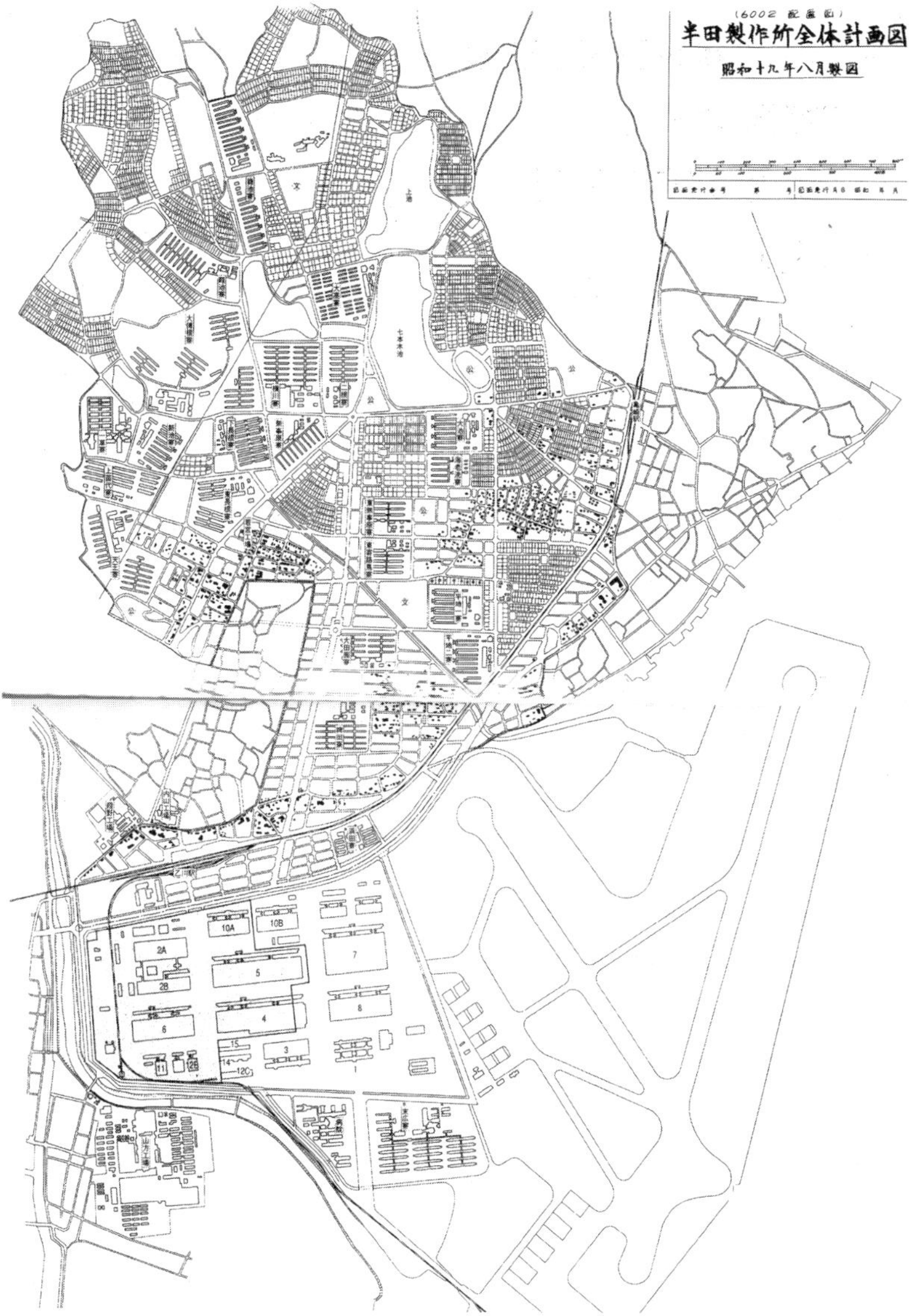
(6002 配置図)
半田製作所全体計画図
昭和十九年八月製図
文
公
10A
10B
2A
2B
5
7
6
4
8
3
1
11
15
12C

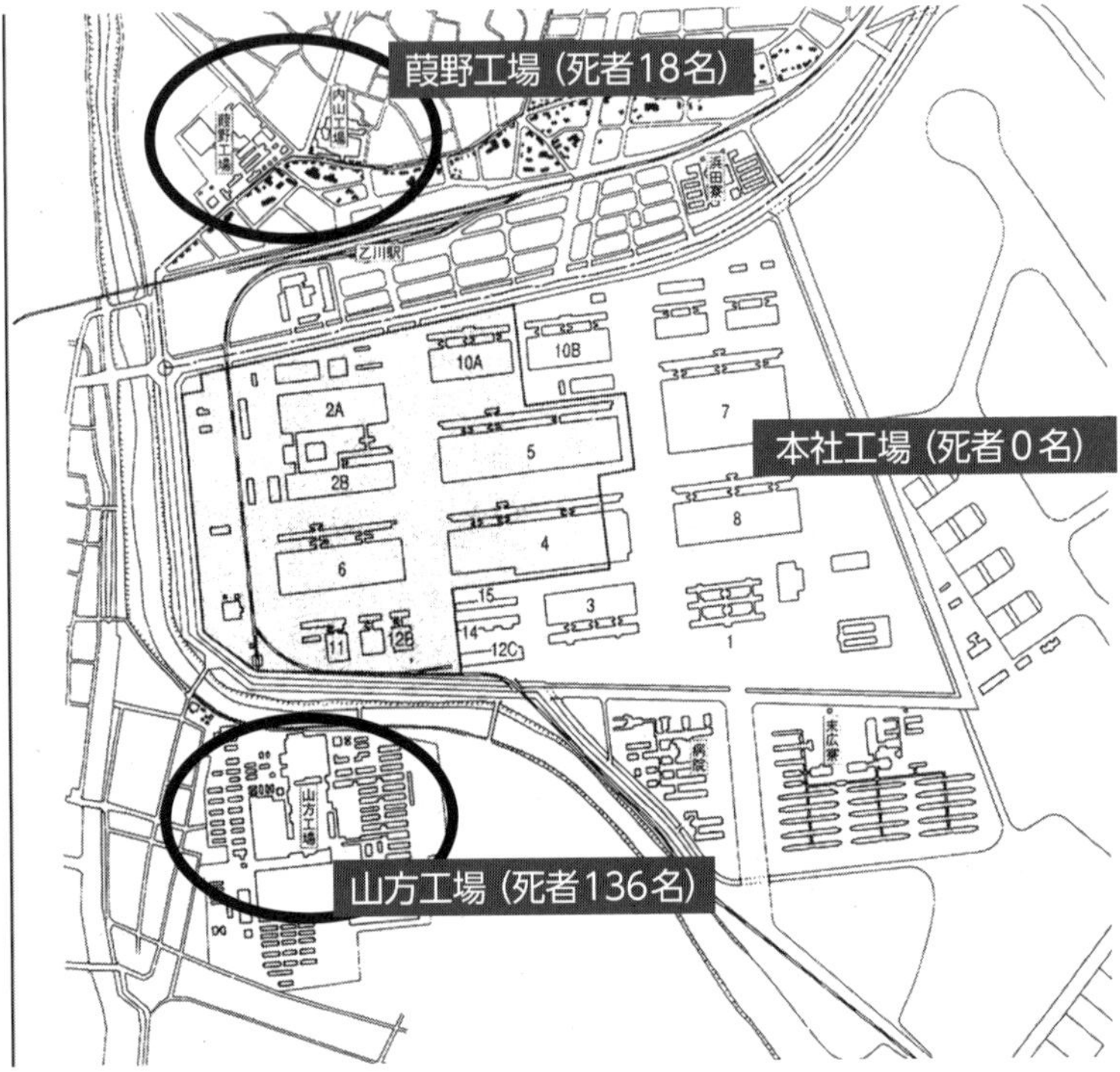

全体計画図から中島飛行機の主要３工場のある部分を切り取った。葭野工場と本社工場の間の鉄道は武豊線。本社工場まで引き込み線がある。本社工場と山方工場の間には阿久比川が流れている。川幅は３０メートルほどあるが２本の大きな橋を架けた。

地震による死者数は記載のものだが、葭野工場は１８人でなく、２０人、あるいは２３人という説もある。

た人たちの声を集め、真実に迫っていきたい。

◎本社工場＝死者0人　強震。敷地から泥水が吹き上げる。建物被害はなし

「どうしても忘れられない事は、あの昭和東南海地震。ゴオッという地鳴り、一瞬にして何もかも目茶苦茶になった。立っていられない横ゆれで何をしてよいのか分からず頭の中は真っ白。埋立地の本社工場の敷地はあちこちに80センチ幅位に長く地割れして、その割れ目から泥水が噴き上げていて無気味だった。工場内の食堂の大きな煙突も中間から折れて倒れ、震度のものすごさを物語っていた。宿舎だった亀崎の海潮院に帰る途中の民家も、倒れたり傾いたり、見るかげもなかった。亀崎町の火の見櫓は鐘を吊ったまま鉄塔が中間から飴のように折れていた」。（寄稿／中島・半田の徴用工、田中惣次さん・男性　当時18歳）

「地震があった時、私は本社工場4号棟で作業中でリベットを打っていた。リ

ベットを打つとバンバンと大きな音がするし、リベットを打たれる飛行機の胴体も揺れるから地震が起きたことはすぐには分からなかった。でもすぐ目の前の大きな鉄製の棚がドンと倒れて、人々が外に向かって逃げている。逃げると言っても、中腰というかへっぴり腰というか、そんな姿で外に向かっているのが見えたので、私も外に逃げた。

外の空地には今までなかった穴が出来ていて、そこから泥水が吹き出ていた。本社には背の高い大きな工場が10棟もあるが倒壊した建物はなかった。その日は帰宅の指示が出たが翌日からは出勤した。地震の当日は気がつかなかったが大きな機械が倒れていたり部品が散乱していた。その片付けに数日かかった記憶だ」。

（聞き取り／中島・半田に動員、小栗さん・男性　当時16歳）

「学徒動員で中島本社工場5号棟にいた。まるで船が大きく揺れる感じで、周りの他校生たちの泣く声。動けないくらいの揺れと天井のガラスの割れる音がひどかった」と記し、こう続けた。「中島飛行機の葭野《よしの》工場にいた兄を亡くした。戦時中のため様子がよく分からず、死んだことは分かっているのに連絡があるまで遺体を迎えに行けず、また火葬場も使えず、大きな穴を掘り荼毘《だび》に付した」（2005年のはんだ郷土史研究会調査／半田の女性　当時16歳）

本社工場は激震に見舞われたが建物などへの被害は記録されていない。人的被害も棚から工具が落ちて来て怪我をしたという軽傷はあったが大きな怪我をしたという記録はない。

本社工場の敷地は1942年（昭和17）秋から海浜・海面を埋め立てて造成したもの。急げ急げの突貫工事だった。だから、急造の軟弱地盤だと考えられるが10棟余ある建物は全て無事だった。

これも不可解だと思っていたが有力な証拠があった。1945年（昭和20）3月から4月にかけて本社工場で撮影された映画『制空』（亀井文夫原作・監督）がそれである。

この映画の舞台は中島飛行機半田製作所でロケは同工場とその周辺。出演する多くのエキストラはこの工場に動員されている学徒や徴用工。彼らが作業している様子や体操や行進、食堂で食事中のシーンもあった。

戦争も最中、飛行機の大増産が叫ばれている時期である。いかに国策映画とはいえ、映画のシーン撮りのために数百人もの学徒や工員の作業の手を止めさせてエキストラに使うことなどありえまい。

映画『制空』から。学徒たちが職場に走って向かうシーン。工場棟が映っている。

ここで撮られているのは学徒や工員たちの日常とみて大きな間違いはなさそうだ。ただ、例えば食事の風景を撮る際、いつもより飯の盛りを多くするなどの配慮はあっただだろうが。

映画『制空』の１シーン。本社工場も煙突も健在だ

ともあれ、映像には半田製作所の内部、職場、廊下、会議室などがはっきりと映っていた。外観もしっかりと映っていた。

撮影は東南海地震から2カ月少々の3月から4月との記録。その月に撮った映像を観る限り、本社工場は外観も構内にも異常はないようだ。海面を造成して僅か2年ほどの地盤に建っていても、鉄骨造りの建物はM6程度の地震ではびくともしなかったのだ。

◎葭野《よしの》工場（死者は学徒11人を含む18人＝20〜23人説もあり）煉瓦造りの塀と煙突が倒壊。女子寮の屋根に亀裂

「当時乙川小の高等科1年。5月頃から学徒動員で葭野工場で働いていて、地震で物の下敷きとなり約1か月の重傷でした。当時、地震の経験は全くなかったので何が何だか分からず、気づいたら乙川小学校の講堂に大勢のけが人と一緒に寝ていました」（2005年のはんだ郷土史研究会調査／半田市、11歳、男性）

「東南海地震ははっきり覚えている。葭野工場だった。ドンと揺れて歩くことも出来ない。やっとの思いで作業机の下にもぐった。揺れが治まって見ると、私の潜った隣の机は壁か梁の落下で、真っ二つに割れていた。出口に向かったら瓦礫の下から声がした。人が生き埋めになって助けを求めていたのだ。掘り出して埃を払ってやった。今なら救急車を呼ぶのだろうが、その時はそれでしまいだった。葭野工場では10余名ほど亡くなられたようだが、やはり煙筒の下敷きでしたか。葭野工場の煙突は完全に崩れてしまい、まったくなくなっていた」。（聞き取り／中島・半田の従業員、間瀬正行さん・男性　当時15歳）

「私は半田裁縫女学校2年の時に女子挺身隊として中島の葭野工場に動員された。勤務先は工場の事務所。売上台帳や仕入台帳の事務作業が仕事だった。地震の時も事務室にいた。凄い揺れだった。私は命からがら逃げ出したのだと思うが、実はよく覚えていない。覚えていないのは、一瞬の出来事だったからだろうか、余程、恐かったからだろうか。

事務所の隣にあった食堂が倒壊していた。その隣の女子寮だった大きな建物の屋根に一直線に太い裂け目が入っていた。

この時、事務所の人が現場を見に行き、落下物の下敷きになって亡くなった。

その日は仕事を止めて帰宅せよとのことで阿久比町草木の自宅に向かったが、名鉄電車は止まっていて半田口から線路の上を歩いて帰った。線路の上には長い人の行列が出来ていた」（聞き取り／中島半田へ勤労動員、竹内みや子さん・女性当時17歳）

竹内みや子さん提供の下の写真。撮影は地震から2カ月後の2月頃という。

屋根が真横に真一文字に割れているのは女子寮だった建物。どんな振動が加わ

1945年（昭和20）２月頃の写真。葭野工場（山田紡）南東の一角。集合写真の後の建物。屋根に真一文字に割れ目。右から３人目が竹内さん。

るとこのような亀裂が入るのか専門家の見解をお訊きしたいものだ。

女子寮の左に建築中の建物がある。ここは食堂だったがこの地震で崩壊。この時点では再建中で枠組みだけは出来ているようだ。

その左の高い屋根が半分だけ見えるのは山田紡績の本社棟。当時の事務棟で無傷だった。竹内みや子さんもここにいた。この本社棟は現在もこの場所に建っている。

亀裂の入った建物だが、屋根瓦がそのままというのも気になる。12月の地震でダメージを受けて1月の三河地震で亀裂がさらに大きくなったとも考えられる。出征兵士の歓送があったため偶然に残った貴重な写真だ。

葭野工場の所有者である山田紡績会長で元半田市長の山田耕市さんと「中島飛行機について」数度に亘り取材、対談している。対談会場はいつも葭野工場跡地に建つ大型複合商業施設・パワードーム。そこにある山田紡績本社事務所の応接室だった。応接室にはこれからの話に出る山田佐一氏の銅像が飾られていた。

その対談記録から主な部分を抜粋する。

山田さんの談話。

「中島飛行機の半田市進出のお手伝いをしたのは私の父・山田佐一だ。父は当時、衆議院議員。立憲政友会所属で中島派の議員だった。中島派の領袖は中島知久平氏、中島飛行機のオーナーだ。中島氏が新工場の建設用地探しに苦慮されていることを知って、父は半田市に根回しして誘致を進めた。

戦時下で飛行機の生産が急がれる時、本社工場は海岸を埋め立てて造成するのだから月日がかかる。まずは弊社の紡績工場を提供して製造を開始した。父は愛知県織物同業組合連合会長などをしていて紡績や織物業界に顔が利いたので東洋紡績さんや都築紡績さんにも声をかけた」。

中島飛行機の半田市誘致は山田佐一氏から始まったのだ。

「当社の工場をお貸しすることになった。葭野工場と隣接する内山工場と東浦町にあった工場もお貸しした。社宅や寮なども一切だ。当時千数百人いた従業員で希望する人は全員、中島に雇用してもらう。これを条件とした。ぼくも中島の社員になった。但し、ぼくの場合は月給だけもらって仕事は何もしなかったがね（笑）。工場の賃貸料は詳しくは覚えていないが、こんなに頂いてもいいのか、と思った金額だった」。

そして昭和東南海地震の被害状況について。

「亡くなった人が10数名、お怪我をされた方は軽傷重傷合わせて100名近く。まったく残念なこと。亡くなった方には心からお悔やみ申し上げる。当時、お昼休みは2部制で、12時から13時のグループと13時から14時のグループがあった。13時からの人たちが昼食を済ませて工場と外塀に囲まれた中庭で昼休憩をしていたそうだ。福井商業などから学徒動員された学生たちだ。談笑したり寝そべったりしていたのだろう。そこに地震だ。レンガ造りの塀が倒れた。その側に工場の大きな煙突があったのだが、それも倒れた。学生たちはその下敷きになってしまった。ここでの学徒の死者が11名。後の6、7名は工場内の落下物などでの不幸だったと聞いた。天災とはいえ、どうにか出来なかったものかと口惜しく思う」

そして、工場の建物などの様子については、

「地震のあった時、私は東浦町（半田市に隣接した町）にいた。これはいかんと葭野工場に急いで帰って現場を見て回ったのだが工場の建物の倒壊はなかった。工場から少し離れた所に建っていた倉庫は半壊していた。犠牲者が出たのはレン

ガ造りの塀が崩れたり煙突が倒れてのものだ。
どこかの本に〝飛行機を造るスペースがいるので紡績工場の柱を撤去〟〝出入口を秘密保持のために二重にした〟とあったが、私の工場では一切そんな行為はない。見ていない。第一、そんな改造をするのなら大家の私に申し出があるはずだ。大家に無断で店子である中島が柱を切り倒すという大改造をするわけはない」。

葭野工場の所有者であり、この工場群の管理をしていた山田耕市さんの談話だからこのまま信じていいだろう。

また、山田さんは「当時の織維工場は戦時下の金属供出令に従って織機などを3割から4割も供出させせられていた。この地方でも織機を全部供出して休業状態の工場も沢山あった。一番困っていたのは女子工員を数十人も雇っている中規模の工場だ。織機はとられて工場はスカスカ。仕事ができないから工員は余っている。そこに中島飛行機が進出してきて部品造りの下請け工場になれという。多くは大喜びで中島の下請けになったよ」。そして、「山田佐一が中島の半田誘致を強力に推進したのもこんな地元の織維産業の救済だった」とも言った。

これが半田市へ大軍需工場を誘致した裏事情だったのだ。それに大きな紡績工場には織機の供出で、すでに大きな空きスペースがあったということも抑えておきたい。

◎植大工場（死者0）

激震で道路に断層。長い停電はあったが人的被害はなし

「棚の上に置いてあった沢山の工具や箱などが飛ぶように落ちてきた。生まれて初めて見る光景に『もう駄目だ！』と思ったほど恐かった。工場の中は落下物で乱雑になったが建物の損傷はなかったようだ。外に出て屋根を見たが瓦が落ちることもなかった。

工場の前の道路には断層が何本も走っていた。地震の力による地割れなのだろう。電気はそれから数日止まっていた。工場は操業中止になって私は自宅待機になった」（手紙／植大工場に勤労奉仕、新海さん・女性　当時16歳）

「我が家は植大工場の見える辺りにあった。地震の時、工場全体が土煙に包まれていたと母が言っていた」（はんだ郷土史研究会での発言／山本さん・男性）

「12月の地震の当時は戦時下。米軍機に備え灯火管制。たき火もできなかった。中島飛行機植大工場の私のいた工場はコンクリートレンガの建物で200坪くらいに40～50人が操業中だった。天井よりかなりのものが落ちてきたが、建物の損傷はなし。周辺道路に断層が走り、電力も止まり操業不能になった」（手紙／植大工場に勤労奉仕、新海さん・男性　当時15歳）

◎山方工場（死者154人）
昭和東南海地震最大の被害

「昭和十九年十二月七日、東南海大地震だ。飛行機の胴体がゆれるゆれる。当初いたずらで誰かがゆすっていると思ったがあまりにもひどい。私は胴体の中にへたりこんだが、とにかく工場を出た。建物はまだ揺れていた。南の「彩雲部門」の方を見て驚いた。なんと視界を遮るものが全くないではないか。一瞬のうちに前の建物全部が倒壊したのだと了解するのに暫くの時間がかかった」。（寄稿／京都三中より学徒動員、二宮聖耳さん・男性　当時16歳）

「私は戦時中、中島飛行機半田製作所病院に一年足らず籍をおきました。勤務場所は山方工場医務室、通い始めて二ヵ月、あの十二月七日の震災に遭遇したのです。

同僚と昼食を終え医務室へ戻ると、グラグラッと最初の揺れ、「地震！」と一度は身がまえたものの、今まで大地震にあった経験のない私、そのうち止むだろうと高をくくっていました。机上の注射器がゴロゴロあちらへ、こちらへと転がり、だんだんひどくなっていく気配に「出よう！」と外へ飛び出しました。北通用門の近くまで、地震を感じてから五分位たっていたでしょうか。ハッと気づいた私達は、とって返し救急箱を肩に。そこへ被害者第一号の方が背負われて来ました。肩から血が噴き出しています。背負ってきた人もまともに口がきけない位で、けが人がまだ数え切れない程いるとの事、話半ばに運び込まれて来る人、人、もう夢中でした。医師・看護婦総動員、徹夜で手術又は、手当にあたり、手当を受けても動く事の出来ない人達が、蒲鉾のように盛り上がってしまった廊下に、足の踏み場もないほど並べられ、血の臭いとうめき声、まさに地獄絵さながらでした。

でもまだ命を取り止めた方々は幸せで、翌日になって死者が続々運び込まれて来ました。その数約百数十名、私が死体処置の責任を負わされ、生徒を指導しつつねんごろに傷口を消毒、包帯を施して安置いたしました。不安を顔いっぱいにみなぎらせ肉親を探す人々、見つかった時の驚きと悲しみ、はっきりと肉親とわかった方はまだよい方で、損傷のひどい方は我が子と確認出来ず探しあぐねた末、下着の一部で確認する人、圧死された顔が丸盆位大きく、ペッチャンコになって

山方工場の惨状

いる学童の、白布を取るなり男泣きに泣く校長先生、眼をおおい耳をふさぎたいドラマの繰り返しでした。この犠牲者の大半が地元の中学、女学校、遠くは豊橋の学校からも動員された生徒、幼い小学生まで戦時産業に参加していて、この悲惨な出来事に遭遇したのです。この地震で最も多くの犠牲者を出した山方工場は、元東洋紡績の建物、レンガ造りであったため、その塊が逃げ遅れた人達を直撃したのです」（榊原小春さん・当時「中島」看護婦）（半田市『私の戦争体験記』より）

中島・半田の建設委員で生産開始後は彩雲組立工場長だった蘆澤《あしざわ》俊一さんは昭和東南海地震の時、山方工場にいて地震を体験した。その模様を『別冊 はんだ郷土史だより』にお寄せいただいていた。蘆澤さんは中島の彩雲製造の最高責任者という立場だから、「彩雲の生産ラインに大事ないか」の視点が第一番に垣間見える。それはそれなりに興味深い。

それをそのまま転載する。

○

「山方工場での非常に残念な出来事は、昭和十九年十二月七日の東南海地震にて唯一、煉瓦建の工場の崩壊に依り、作業中の学徒九七名が圧死された事であり、このうち半田市出身者は女子三一名、男子十七名計四八人でありました。

一心に合掌、御冥福を御祈り申し上げます。

尚、地震の揺れ始めの時、私は山方工場にいて彩雲の翼組立職場長と打合せ中でした。揺れ始めると彼は即座に階段を駆け下りて職場へ戻りましたが、私は揺れ終るのを待って工場建物間の道路に出ました。

翼組立職場に動員中の女子学徒は道路にて自校の担当の先生の許に集結中で、先生の人員確認で全員無事と判明。直ちに宿舎の女子寮への帰還を命じました。

職場長には、状況点検、治具の寸度検査を、又隣の胴体組立職場にも同様に点検を申し付けました。それから、東南方の新部品工場へ向いましたが、途中右手の煉瓦建工場側壁上部の三角形の鋸歯部分が何箇か折落ちて二重三重になって居り、その側に居りました者から、此の下に何人かが……と聞かされました。愕然として声も出せませんでした。

南側の木造の彩雲部品工場に行きました時には人影は全く無く、鋸歯屋根一歯分が落下して、下の万力台付作業台一台に喰込んで居りました。

このように山方工場の彩雲関係の職場を確認して、本社工場六号棟の彩雲全体組立工場へ戻りましたが、全体組立ラインは無事、各工程が保管中の艤装部品が棚から若干落ちた位で被害は零でした。製造部長の所に各工場長が集合致しましたが、自分の受持での被害らしきもの無しと報告、その儘待機で終りました」。


右が蘆澤氏の寄稿である。

これとほぼ同様のことを講演や対談でも話している。また蘆澤氏はこの震災のあった12月も「彩雲」の生産台数は2、3機減っているだけで製造工程には大きな被害はなかったと強調している。

これは意外なようだが理解はできる。山方工場には大きな被害があったが、本社工場はほぼ無傷。葭野工場も塀や煙突の倒壊だけで建物に被害なし。植大工場は電気が止まったがそれも2、3日だろう。


では、実際に飛行機の生産はどう変化したのか数字を追ってみる。

次頁の表が中島・半田の軍用機の全生産量である。大震災のあった昭和19年12

月は「天山」が前月より40％ほど減産しているが、「彩雲」は微減で翌月には増産傾向にある。これをみる限り昭和東南海地震は人的被害は顕著だったが、軍用機の製造には大きなダメージはなかったようだ。ちなみに20年7月24日の半田空襲で中島・半田は壊滅したことが左表で明白に分かる。

天山、彩雲の月別生産台数

		天山	彩雲
年	月	機数	
18	12	1	0
19	1	4	0
	2	6	0
	3	9	0
	4	35	0
	5	58	0
	6	56	1
	7	78	4
	8	83	8
	9	70	19
	10	90	25
	11	82	26
	12	**51**	**25**
20	1	66	30
	2	70	38
	3	80	64
	4	50	60
	5	40	58
	6	39	47
	7	7	35
	8	0	0
合計		977	440

山方工場各棟の作業内容・建物構造。倒壊の有無

①「彩雲」翼組立・「天山」胴体組立＝鉄骨造・鋸屋根＝【倒半壊なし】
②「彩雲」胴体組立　＝鉄骨・鋸屋根＝【倒半壊なし】
③ 桁（シャーシー）組立　＝木造・鋸屋根＝【全壊】
④ 工作機械工場　＝煉瓦壁・鋸屋根＝【半壊、一部倒壊】
⑤「彩雲」部品工場＝煉瓦壁・鋸屋根＝【全壊】
⑥「天山」部品工場・溶接　＝煉瓦壁・鋸屋根＝【全壊】
⑦ 塗装工場　＝煉瓦壁・鋸屋根【全壊】
⑧「彩雲」新部品工場　＝木造造り・鋸屋根＝【全壊】
⑨ 寮・食堂　＝木造＝【半壊】
Ⓝ 海軍監督官事務所

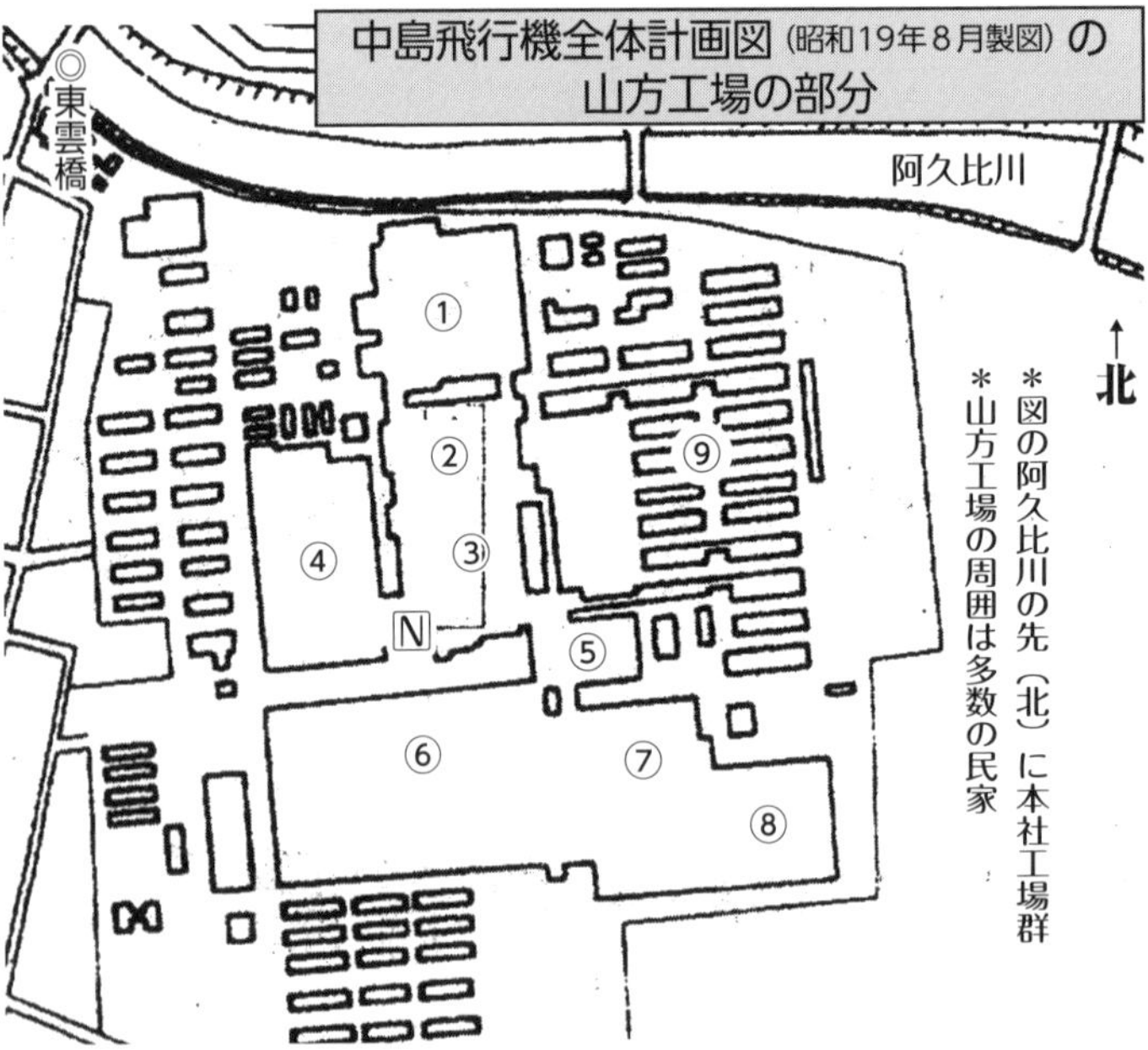

＊図の阿久比川の先（北）に本社工場群
＊山方工場の周囲は多数の民家

○中島が1944年８月に作成した図面と米軍が終戦直後に撮影した写真を併載。山方工場の全貌である。米軍写真は建物を黒塗りで表している。だから黒くない所に建物はない。図の③⑤⑥⑦⑧辺りである。ここは地震で全壊した建物があった場所と同じ。

○⑤⑥⑦の建物はいずれも煉瓦壁の鋸屋根。③⑧は木造壁・鋸屋根。

○右ページに記した、倒壊、全壊は複数の体験証言から判断できた。

○1945年７月の半田空襲で中島の本社工場に81発、山方工場へ35発の爆弾が投下された。つまり激しい空爆が必要なほど山方工場は正常に稼動していたと言える。「昭和東南海地震で山方工場は壊滅した」という説は正しくない。倒壊建物は３から４棟だけだった。

◎次のページで証言との整合性を証明する。

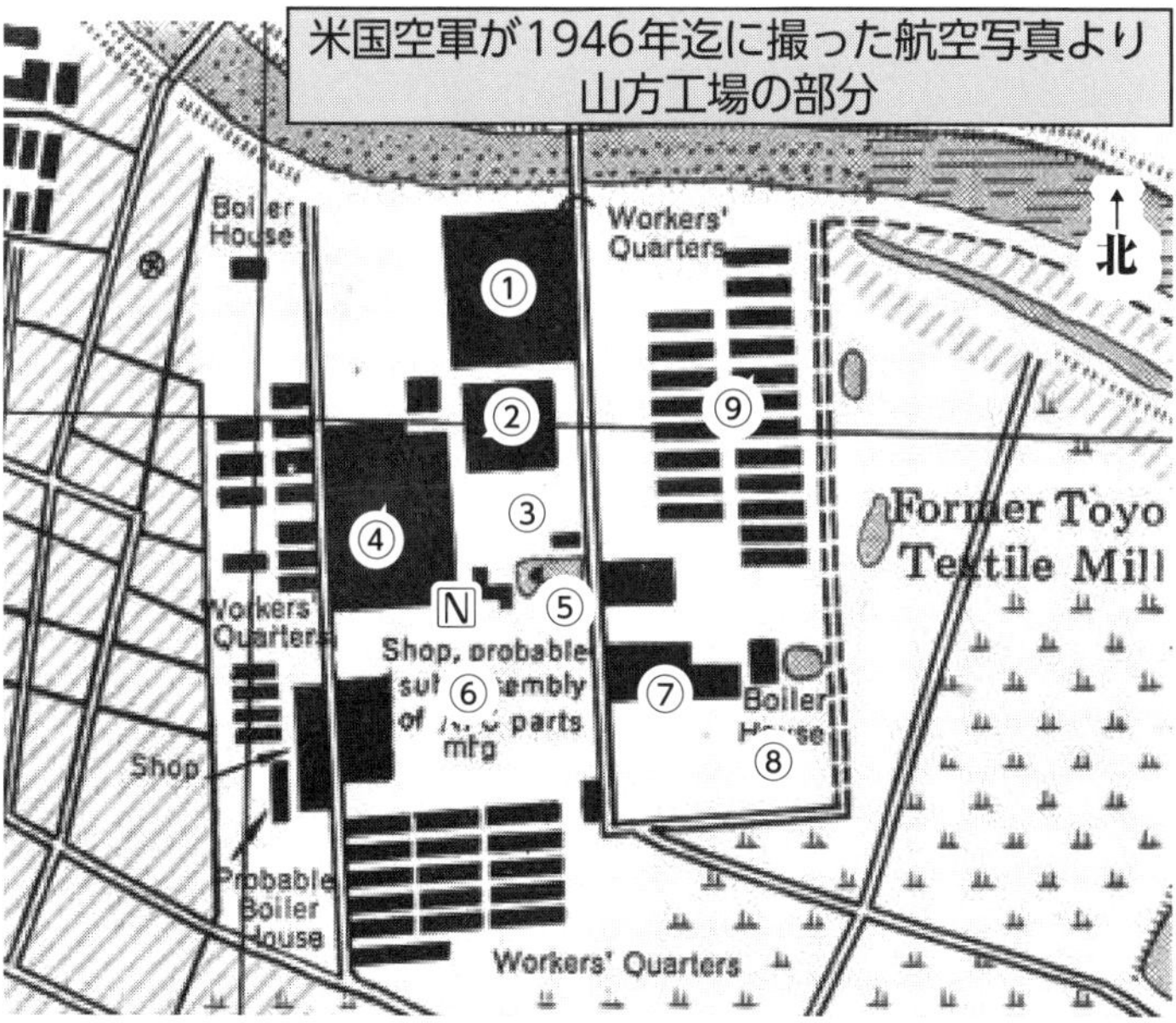

山方工場の罹災状況の実際

真実が曲げて伝えられていないか

昭和東南海地震最大の被害は中島飛行機半田製作所山方工場だった。１３４名が亡くなった。

なぜ山方工場に被害が集中したのだろう。この工場は東洋紡績を中島飛行機が買収したもの。巷間、言われているようにこの工場の柱や側壁を撤去したので建物が弱くなり地震に耐えられずに大被害を生んだのか。しっかりと検証してみる。

まずは山方工場の全貌を次頁に示す。

実際に見たその時の山方工場

蘆澤俊一工場長のその日その時の行動が書き残されていた。それにより当時の山方工場の様子がかなり分かる。なお、学徒など一般の工員は「勤務棟以外はうろうろ出来なかったので、他棟のことはよく分からない」との証言。しかし複数の証言を組み合わせれば真実にせまれるはずだ。

▽蘆澤氏・「地震の揺れ始めの時、私は山方工場にいて彩雲の翼組立職場長（前頁の図の①）と打合せ中。揺れ始めると彼は即座に階段を駆け下りて職場へ戻ったが、私は揺れ終るのを待って工場建物間の道路に出た。翼組立職場（①）に動員中の女子学徒は道路にて自校の担当の先生の許に集結中で先生の人員確認で全員無事と判明」。

京都三中から約７００名が学徒動員されていた。彼らは全員、山方工場に配属された。職場は、約半数は図①の「天山」翼組立工場、約半数が図⑤の「彩雲」部品工場だった。結果から言えば①の職場での死傷者はなし。⑤の職場で多くの犠牲者が出た。

▽二宮聖耳氏（京三中生）・「（地震に驚き①の工場を出て）南の「彩雲部門＝⑤⑧」の方を見て驚いた。なんと視界を遮るものが全くないではないか。一瞬のうちに前の建物全部（③、⑤、⑥）が倒壊したのだと了解するのに暫くの時間がかかった」。

▽竹田勝治氏（徴用工・当時16歳）・「彩雲の胴体工場（②）で作業中だった。あっ！　建物が壊れる！　屋根が落ちてくる！　というほど揺れた。這って外へ出た。胴体工場（②）は潰れることはなかったが、どこか半壊の個所があっても当然だと思うほどの揺れだった」。

▽**状況の吟味＝**蘆澤氏、二宮氏の証言から、彩雲の翼組立工場①は普通に行動できたことが分かる。①で働いていた女子学生に先生が震災直後に安全確認の点呼をできるほど普通だった。京都三中生も数

百人いたが特記するような負傷や事故はなさそうだ。①に死傷者はいなかったようだ。

①の場所から③、⑤、⑥の倒壊が確認できた。

竹田氏の証言から②は相当激しく揺れたが全壊はしていなかったことが分かる。

▽蘆澤氏・「翼組立職場（①）の職場長には、状況点検、治具の寸度検査を、又、隣の胴体組立職場（②）にも同様に点検を申し付けた」。

▽状況の吟味＝②の胴体組立工場もほとんど無傷だから治具の寸度を心配する程度だったことが分かる。但し、蘆澤氏の最大の関心事は死傷者の有無より彩雲製造に悪い影響を及ぼす治具の不具合だったかもしれない。

②にも死傷者はないようだ。②が倒壊していないことは竹田氏の証言とも重なる。

▽蘆澤氏・「東南方の新部品工場（⑧）へ向いましたが、途中右手の煉瓦建工場（⑥）側壁上部の三角形の鋸歯《のこぎりば》部分が何個か折れ落ちて二重三重になって居り、その側に居た者から、此の下に何人かが……と聞かされた」。

▽井狩節氏（京三中生）・「寮の当番の日、山方の「彩雲部品工場（⑤）」が全滅したとの報が入り先生と駆けつけた。地面は大きく亀裂を生じ、工場は見るも無惨な姿となっていた。救助作業でごった返していた。遺体は次々とタンカで運ばれていく。女子学生の遺体が多い」。

▽間瀬勝氏（徴用工・当時15歳）・「地震の時、ちょうど上司の命で葭野工場に図面か書類を届けに行った帰り道だった。東雲《しののめ》橋を渡ると西に見える民家の多くは潰れていた。山方工場の西門に来ると怪我人が大勢寝かされていた。私の職場だった旋盤工場（④）は半分以上も潰れていた」。

▽杉江久男氏（半田中4年生）・「地震の時、山方工場工作機械工場（④）の中にあった半田中学校教員控室の前にいた。同工場は煉瓦壁・鋸屋根の広い工場で

明るく、西側は幅3〜4メートルの通路を隔てて木造の塀があり、その外は社宅だった。塀の内側に接してジュラルミンの切りくずを入れた100リットルくらいの麻袋が何段にも亘って2メートルくらい積み上げられていた。

突然立っていられない揺れが襲い、命からがら通路へ逃げた。上を見ると煉瓦壁の鋸歯の部分の付け根にひびが入り、今にも通路へ落ちて来そうに揺れており、反対側からはジュラルミン袋がドサドサとずり落ちている。必死で積み重なったその袋に這いあがり、塀を越えて逃げ、西門入り口道路へ行った。それから工場退出までの記憶がない。以後工場への再入門の記憶もない」

▽**状況の吟味**＝蘆澤氏の言う「右手の煉瓦建工場」とは、⑥の天山部品工場のこと。屋根が倒壊し多くの人が生き埋めになっている。山方工場の死傷者の相当数はこの工場（⑥）と隣接する彩雲部品工場（⑤）だった。
井狩氏の「遺体は女子学生が多い」はその通りで、半田高女生が29名、豊橋高女生が23名がここで亡くなった。

間瀬氏の証言で「西門には怪我人が大勢寝かされていた」、「工作機械工場④は全半壊していた」ことが分かる。「東雲橋」は同図に注釈。

間瀬氏は④は全半壊していたというが、杉江氏の証言から、④は一気に倒壊したのではなく、彼らが外へ逃げる時間的余裕はあったようだ。また、④の西側は4㍍《メートル》ほどの通路と板塀があったことも杉江氏証言で分かる。

▽蘆澤氏・「南側の木造の彩雲部品工場（⑧）に行きました時には人影は全く無く、鋸歯屋根一歯分が落下して、下の万力台付作業台一台に喰込んで居りました」。

▽状況の吟味＝⑧の彩雲部品工場は全壊したが、蘆澤氏は「人影は全く無く」と言うから大きな人的被害はなかったように思うが、木造造りの部品工場は全壊しているのだから人的被害がないとは言えない。

また、蘆澤氏は、⑧工場に来る通り道で必ず見えたはずの「彩雲部品工場(5)」の全壊には触れていない。対外的に被害を少なくみせなくてはならない、との意志が働いていたのではないだろうか。筆者は蘆澤氏とこの件では親密に付き合い、彼は嘘をついたり話を盛ったりする人でないことは知っている。でもこの件だけは少々違う。それは、蘆澤氏は半田製作所の彩雲組立工場長であると同時に海軍大尉だったことからだろう。

海軍将校として軍需工場の大きなダメージは隠したかった。隠さなければならないという本能が働いた、と思うのだ。

* * *

屍体は野焼きに

山方工場の罹災について貴重な証言があった。当時、成岩国民学校、13歳の山下せつ子さんは勤労動員で山方工場の組立工場で働いていた。①か②の工場だろう。そして地震。殺到した戸口のことは後述するが、ここでは従来あまり語られていなかった事実が出て来た。地震の少し後のことだ。

「工場に長い廊下があった。そこに亡くなった人の屍体が沢山並べられていた。そこに縞々の服を来た男の人が大勢来て、屍体をトラックに積み込んでいた。屍体には布を被せてあったが、学生服や三つ編みをした髪が被せきれていない布の間から見えた。多くは女学生だった。

屍体は雁宿辺りの山に運び、野焼きにしたと聞いた。多くの屍体を一緒に焼いたので遺骨もどなたのものかは分からない。少しずつ小分けにして遺族に渡したという。

全部の屍体を焼くのに何日もかかったろう。その分、薪もずいぶんと多く必要だったようだ。当時、私たちの家庭には燃料にする薪も配給だった。その配給がそのせいで滞った。それは3ケ月も続き、母が愚痴をこぼしていたことを今でも思い出す」。

山下さんの証言で目新しいのは「縞々の服を着た大勢の男」が屍体の運搬をしたということ。おそらく野焼きも担ったのだろう。その「縞々の服の男」は受刑者かと反射的に思ったが、半田近郊に刑務所はないし、受刑服が「縞々」かどうかも分からない。しかし大勢の見慣れぬ男たちが屍体を運んでいた山下さん証言は動かない。

「雁宿で野焼き」は他にも複数の証言があった。雁宿は今は市街地だが当時は雑木林。「火葬場も使えず、大きな穴を掘り茶毘《だび》に付した」との証言もあった。

野焼きはよほど長く続いたのだろうか。「薪の配給が遅れる」ほど大量の木材が要った様子を想像すると、悲しみを通りこし、言葉を失う思いだ。

屍体と火葬については13名の犠牲者を出した京都三中生やご遺族の手記にもあった。

「納棺をするというので山方工場へ行った。150名程の屍《しかばね》が物品が置いてあるようにごろごろして居た」。

「十二月九日。遺骸は火葬にすることに決し、午後より半田市火葬場に移す。軍隊式に野火に附《ふ》すものにして多数の藁を以て遺骸を埋め五時三十分頃着火。（略）翌日九時三十分頃火葬場に赴きたるも火気多く、正午頃との事。（略）正午火葬場に行きたるも到底本日の間に合わざるため帰寮」。

幾つの屍体を「軍隊式」に焼いたのか分からないが、この記録では24時間以上経っても終わっていない。

京都三中関係の手記と山下さんの証言に共通点は多い。火葬についてもその場所が半田市火葬場か雁宿の山かの違いはあるが「野火に附した」ことは同じだ。また、「薪がなくなる」ほど長時間火葬が続いたことも事実のようだ。

殉職者の中には半田市以外の常滑市や南知多町の人もいる。こんな近距離なら娘や息子の遺骸を故郷に持ち帰った遺族もいたはずだ。常滑市には「娘が戸板にのせられて帰ってきた」との証言もあった。

だとすれば半田市で火葬した人の数はいったい、何人なのだ。ここにも蓋がされている。

工場の柱を撤去したのか

「中島は紡績工場を飛行機工場に転用する際、飛行機を造る広いスペースを確保するために工場の柱を多く撤去した。そのため建物を支える強度が大幅に不足。そして昭和東南海地震では工場が崩壊、多大な被害を生んだのだ」。

昭和東南海地震を伝える多くの書籍や雑誌の中、さらにはＮＨＫなどテレビ番組の特集でも、体験者といわれる人たちがこのように語っている。それも一人や二人でない。多くの人が口を揃えるようにそう語り、書いている。

さらに困惑するのは、原典ともなりかねない政府機関や大学研究室の論文にも、引用文との但し書きはあるが、次のように書いてあった。

「山方工場は軍用機を生産するため、広大な作業空間が必要で東洋紡績時代にあった内部の屋根支柱をすべて撤去していた。また軍事機密保護のために出入口の数を一つにしぼり、さらにその内側には、戸を開けても外から中が見えることがないように衝立が設置されていた。そのため、地震に気が付いて外へ出ようとした人が集中し、団子状態になって脱出できないでいるうちに、外壁のレンガが崩れて下敷きになってしまったという」。

困惑ついでに、半田市雁宿公園に建つ「平和祈念碑」。市民の浄財で建てられたという立派な石碑だ。大きな側壁には戦災犠牲者の氏名も刻まれていて毎年慰霊式典も行われる半田市の象徴的な祈念碑である。この立派な石碑に「半田の戦災」と題した文章が刻まれている。そこにも「(山方工場と葭野工場で154人の学徒が死亡)これは旧紡績工場で軍用機の生産を行い、支柱・側壁などを撤去したため工場が崩壊した人災であり、戦争災害であった」と記されている。

まことしやかに語られているこの言葉、この論調。これが今や定説にさえなろうとしているが、はたしてこれは真実なのか。

筆者も当初、これらの言葉を信じていた。「飛行機を造る広いスペースが必要」、さもありなん、と疑いもしていなかったのだ。しかし、中島関係者に取材を重ねると、この「柱を撤去」は、どうやらありえないことが、だんだん分かってきた。

真実は何か。大いに検証の必要がある。

中島・半田の幹部社員だった押田さんの一言が端的だ。

「工場の柱や壁を撤去したので建物の強度が落ちて工場が崩壊したとは山方工場のことを言っているのだろうが、山方工場は部品工場。それに鍍金や塗装の工場だ。広いスペースなどいらない職場だ。工場内には鋸屋根を支える大きな柱はあった。それは屋根を支える大黒柱だ。その柱を切り倒したらその時点で屋根が崩れ落ちて来る。そんなバカなことは誰もしない」

そして押田さんは続けた。

「中島が半田に進出した当初、東洋紡績は借り上げの予定にはなかった。ところがその工場のいくつかの棟には相当に広い空間があることが分かった。とにかく直ぐにでも作業に掛かりたい会社は、急遽、入手する方向に変わった。そのあたりは石井亮三さん(半田製作所建設委員)に訊くと詳しいよ。

紡績工場の内部はちょっと調べると分かるが、かなり広大だ。幅も長さも随分と大きな機械を並べて作業するからだ。壁を撤去した? 広い工場のどこに壁があるんだい。事務室ならあるかもしれないが、工場内を仕切るような壁など見たこともない」。

石井さんを訪ねた。彼が東洋紡績の買収を担当したのでその苦労話を聞いたが、そのことはさておき、印象に残ったのは1942年現在、東洋紡知多工場は織機の大部分は金属供出令に従って供出してしまっていて工場は空っぽだったということだ。ということは次に書く天井のプーリーの歯車は金属である。これもすでに取り外してしまっていた可能性は高い。

確認のため、東洋紡績の工場内部を撮った写真を探した。あった、押田さんの言う通り工場には広大なスペースがある。工場の長さは数十メートルはゆうにあろう。幅もしっかりとある。そして整然と並ぶ多数の織機。この機械を撤去すれば、体育館並の大きな工場となる。

天井にはパイプのようなものが縦横に張り巡らされている。これは湿温度調整装置とのことだ。繊維工業は湿温度の影響をこうむることが多く、湿温度を正常に保つことは繊維の品質を保つことに通じる

東洋紡績の合糸工場　広大な床面積、高い天井

という。この装置は、キャリー式レターンシステムという東洋紡績自慢の装置だと同社の資料にあった。

ここが飛行機製造工場になれば湿温度調整装置など不用となる。当然、撤去した。撤去の際、装置を支えている柱も撤去する。この柱は装置を支える柱であって天井屋根など建物そのものを支える柱ではない。しつこく言うが、この柱を取り除いても建物の強度に何ら影響を及ぼさない。無関係である。

もう一枚、東洋紡績の工場の写真を掲出する。

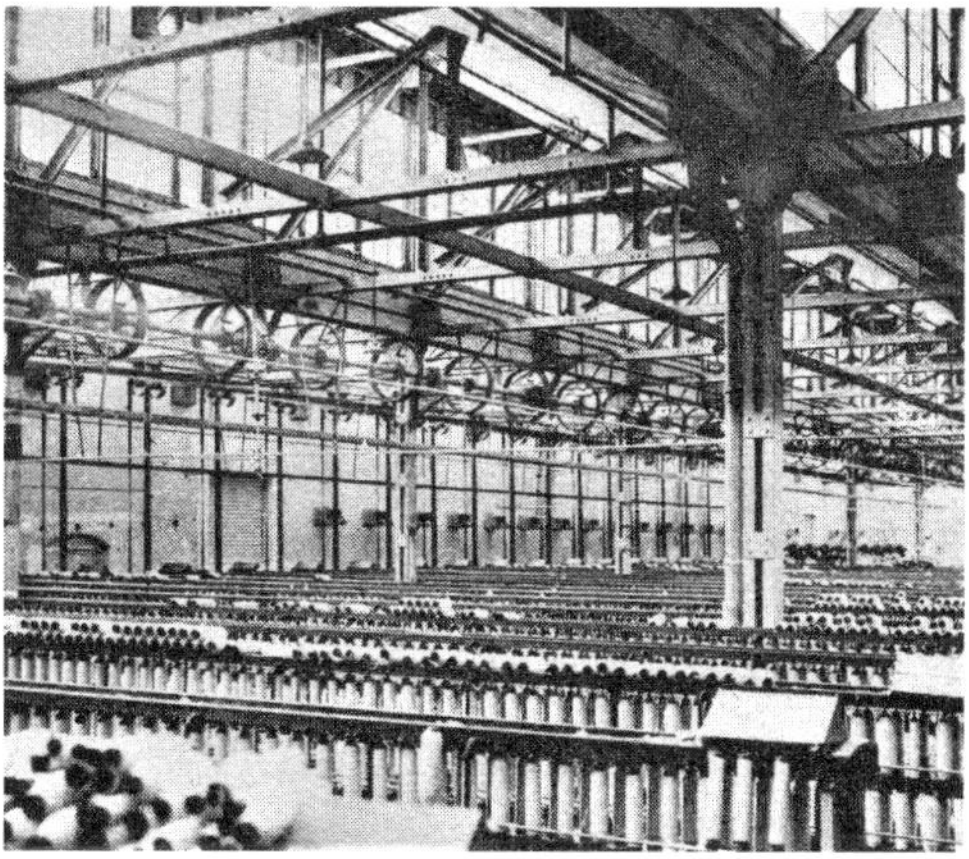
東洋紡の製糸工場　天井に縦横に無数に走る柱はプーリーを支える柱。撤去しても建物の強度と無関係

見てほしいのは天井にずらりと並んでいる自転車の車輪のようなモータープーリーというものだ。これを織物機械などと連動するように接続し、プーリーを回転させる。その回転が動力となって機械を稼動させるものと聞いた。

当時の織物工場では必ず要る装置だが、これも飛行機工場や機械工場ではまったく不用だ。当然、撤去した。その際、プーリーを支えている縦横の柱なども当然、取り除いたろう。

もし「柱を切り倒すのを見た」という人がいるならばこんな不用な柱の撤去の様子だ。この柱は屋根を支える大黒柱ではない。これらを取り除いても建物の強度になんら影響はない。

さらに裏取りのつもりで中島・半田の社員、森さんに訊いた。森さんは、「山方工場は部品工場だ。もともと大きなスペースは不必要」とこれも押田さん同様、明快に答えた。

そこで筆者は、「山方工場の各職場を調べると、〝彩雲翼組立〟とか〝天山胴体組立〟とある。翼や胴体を組み立てているのだから、それなりのスペースは必要

本社工場の組立工場。ここで最終的な完成品となる

だったのでは」といじわるく突っ込んでみた。

　しかし森さんはさらに明快。

「〝彩雲〟は全長は11・15メートルあるが、それは完成機になった時の大きさでその前までは胴体だって個々の部分部分がバラバラになっていてそんなに大きくない。一番大きいのは翼かな。その翼だって片翼で全長6・25メートル、最大幅2・8メートルだ。

　それを最終的に組み立てて完成させるのは本社の組立工場。組立工場に行く前までは胴体も翼もバラバラで大きさはせいぜい3メートルから5、6メートルのものだ。それにもともと紡績工場の内部はかなり広い。5、6メートルの部品の作業など楽にできるはずだ」

　そして森さんはこう教えてくれた。

「どうも君たちは思い違いをしているようだが、飛行機の胴体工場というが大きな胴体が沢

飛行機の胴体の桁。この上にジュラルミンの板などを貼っていく。作業員の大きさからみても、柱を撤去しなければならないほど大きくはない

山あるわけではない。分かりやすく言うと、骨組みになる桁《けた》とよぶ鉄板、自動車のシャーシーのようなものがあって、その上にジュラルミンの板を貼り付けて胴体にしていくわけで、完成品は11メートルでも、それ以前の物はその半分以下のただの板だよ。それに彩雲は1日に1機から2機の生産だ。だから胴体も翼も仕掛品は3つか4つしか胴体工場にはない。毎日が突貫作業の戦時下だからね。だから柱を取ってまで造らなければならないほど大きな部品は一つもないし、在庫だってないのだから広いスペースは必要ないのだよ」

そして、森さんは、

「山方工場で造った胴体や翼は牛車の荷台に載せて本社工場に運ぶ。「天山」は本社の第5工場。「彩雲」は第6工場。そこで胴体・翼・車輪・カウリング・プロペラなどを組み立てて、電気装置や内装、機関銃などもセットして飛行機が出来上がる。飛行機がすっぽりと何台も入る広いスペースがいるのはこの本社の組立工場だけなのだ」。

「ありがとうございます」と言うしかない。

蛇足だが、山方工場で造られた飛行機の翼や胴体は牛車の荷台に積まれて阿久比川に架かる橋を渡り、本社工場に運ばれる。

本社組立工場で飛行機が完成すると、またもや牛車が登場。牛はゆっくりと滑走路に向かって飛行機を引っぱって行く。牛が引っぱる飛行機は後ろ向き。つまり牛車に繋がれるのは飛行機の後部尾翼辺りである。

牛が引っぱる逆さまな飛行機。何とも大時代的で、のどかな感じすらするが、これもまた真実なのである。

「組立工場」のイラスト。どなたかが送ってくださった。組立中の飛行機。待機する牛車。壁には「死方用意」の大看板。実際にあったかは未確認だが「特攻精神で飛行機を造れ！」の檄は日常的に飛ばされていた。

さて、「飛行機を造るため紡績工場の柱を撤去して広いスペースをつくった」との問題だが、これはどうやらありえないようだ。したがって「柱を切ったから強度が落ちて大惨事を招いた」という巷説も誤りだと言い切っておく。

もうひとつ明快に申し上げておく。

筆者は何も中島飛行機の肩を持つために「柱の撤去はなかった」と言っているのではない。まして中島に頼まれたわけでもない。単に「真相は何か」と追求を重ねると「柱の撤去はなかった」という答が出たのだ。「側壁の撤去」はさらに明快。工場の内部を仕切るような壁は無かった。無い壁は撤去しようがない。

では何故、多くの人が自らが見てもいないのに、「柱は撤去された」と言ったのだろうか。それは単純に言えば「罹災者の死は天災じゃない人災だ」とした方がドラマチックで世間の同情を集めやすいから。自らの主張が通りやすいから。――そう思うしかない。

この章の冒頭で半田市雁宿公園の「平和祈念碑」に刻まれた「半田の戦災」の文章に意義を申し上げた。「旧紡績工場で軍用機の生産を行い、支柱・側壁などを撤去したため工場が崩壊した人災であり、戦争災害であった」の部分である。

筆者・西まさるは、「支柱・側壁などを撤去したため」の一文に抗議しているのであって、この不幸を人災でないと言っているのではない。154人の死はまさに戦争災害という人災である。

憎むべきは戦争である。善良な国民を戦争に駆りたてた無能で愚かな戦争指導者である。戦争は人災そのものである。これは強調しておく。

そして困ることとは、真実が曲げられて伝えられ、それがまさに真実になってしまうことだ。その曲がった真実を多くの人が共有し、「そうだ、そうだ」と言う。それが大義となって世相を支配する。いわゆる同調圧力も発生する。これはいけない。真実は一つ。真実を正しく後世に伝えることは何より大切だ。

出入り口も機密保持で狭く

次も巷間よく言われていることだ。

「(軍用機工場に転用された山方工場は)軍事機密保護のため出入口の数を一つにしぼり、さらにその内側には、戸を開けても外から中が見えることがないように衝立が設置されていた。そのため、地震に気が付いて外へ出ようとした人が集中し、団子状態になって脱出できないでいるうちに、外壁のレ ンガが崩れて下敷きになってしまった」。

これも全くの誤りのようだ。

紡績工場の工場長だった榊原勝治さんは、「繊維工場は温度と湿度の管理が大切。昨日と今日の温度湿度が変わると糸の質が変わる。それは昨日と今日で繊維の品質が変わってしまうということだ。湿度不足になると、ばらつきや糸切れが起こり、製品不良や生産性低下に直結する。

今はエアコンがあるからその心配は少なくなっているが、ひと昔前までは温湿度管理が工場長の大事な仕事だった。それに昔は電力事情が今と格段に悪いし、電気料金も高かったから大変だったよ」

そして榊原さんはこう続けた。

「繊維工場が鋸屋根なのも採光を北向きにして強い直射日光を工場に入れないためだ。それと鋸屋根の工場には窓はない。これも出来るだけ外気の影響を受けないためだ。出入口の話だったね。出入口も外の空気を工場内に直接入れないために狭くしたり、戸口を互い違いにしたりしていた。要するに外の風が直接工場の中に入らないような工夫なのだよ」。

繊維工場というのはそんなものだよ、と言われると返す言葉もないが、鋸屋根の織物工場の写真をいくつも見たが、確かに窓はない。それは外気を遮断して工場内の温度や湿度をできるだけ一定に保つ工夫だったわけだ。

こんな証言もあった。当時、半田中学2年生で中島飛行機に動員されていた女性の言葉である。

「私は山方工場で地震に遭った。私たちは出口に殺到した。でも出口の戸が開かない。見ると、普段は男の人しか扱わない凄い重い工具が沢山置いてあって、それが邪魔をして戸が開かない。その頃、13歳の女の子だった私たちだが、その重い工具を懸命にどかして戸を開けた。そして無事、外に出ることができた。火事場の何とか…ではないが、いざとなると凄い力が女の子でも出るものだ」。

彼女はまさに九死に一生を得たのだ。しかし、どこでどうしたのかも記憶にないが、右目の上に大きな傷を負っていた。眉の下がぱっくりと割れる傷だ。

「帰宅したら父が半田にひとつしかない外科医院に毎日のよう連れて行ってくれた」。（聞き取り／山下せつ子さん・女性　当時半田中学2年生13歳）

彼女の右眉の下には、まだ76年前の傷が残っていた。

山下さんの証言のように、戸が開きにくいのは荷物が置いてあったから、というケースもあったのだ。これを面白おかしく脚色すると「機密保持のため、戸を開きにくくしていた」とでもなるのだろう。

落ち着いて考えれば、出入口を二重にしたり小さくしたりしたくらいで工場内部の機密が守られるはずがない。軍事機密保護、てなことを言うと恰好がいいが、元より本物の軍事機密を1万人の動員学徒や4千人の朝鮮応徴士（朝鮮半島出身の徴用工の呼称）の前にさらすはずもない。

そして皮肉を一言。

「工場は広いスペースがいるので、柱や壁を撤去した」のじゃなかったのかい。柱や壁を取り除かないといけないほど大きな品物があるのに、出入口だけは小さくしたのかい。出し入れはどうするんだい。

ちょっと脱線。

巨大な本社工場の周囲をぐるりと取り囲む堀割がある。幅7メートル、深さ4メートルほどで水も張ってある。この堀割を指して「軍事機密保持のため」「スパイの侵入防止のため」と真顔で言う人もいた。

普通に考えればすぐ分かる。工場を見せたくないのなら塀を建てればいい。塀ならまったく工場は見えなくなる。何キロも堀割を掘るより安くて早く出来るだろう。スパイの進入防止？　スパイになるほどの人間が幅7メートルの堀を恐れるわけがない。歩いても泳いでも5、6秒もあれば渡ってしまう。

だが、こんな堀割ひとつでも「軍事機密」にしたがる。この方が面白いからだろうが見当違いも甚だしい。

ちなみにこの堀割は埋め立て工事の際に重要な役目を果たしたものだ。

まず工場予定地の境界線を決めてそこに線を引くように堀割を掘る。そこから掘った土を境界線の内側に盛り上げていく。縁のある大皿のイメージだ。そしてその内側に、山土や海底の土をどんどんと流し込み用地を造成した。大皿の真ん中にどんどんと海底の土を山のように積み上げていって、その山が崩れても堀割の内側の縁で止まる。

そんな仕掛けなのだ。縁の高さは堀割の幅と深さ、つまり7《メートル》×4《メートル》の土の量の壁なのである。

工場倒壊の原因は何？

工場倒壊の原因は「柱の撤去」でないことは理解できた。柱の切断や除去はなかったのだ。しかし現実に山方工場では3～5棟の建物が全壊している。

この最大の原因は軟弱地盤であると言い切れそうだ。

体験証言では、かなり多くの方が「地面が○○cmも浮き上がった」「地面から泥水が吹き上がった」と言っている。○○cmの伏せ字は50《センチ》の人も1《メートル》の人もいて、それは個人の感覚の差だから仕方ないが、かなりの高さまで地面が浮いたことは間違いないようだ。

昭和東南海地震の被害状況を見る限り、この一帯の地盤は水を多く含む土地で、いわゆる液状化現象が起きたのではないか考えられる。

また、数々の証言があった「地面が浮き上がった」は、地盤沈下の一つの現象ではないのだろうか。


さて、この場所はどんな土地なのだろう。少し探ってみた。

山方工場が建っていた所は山方新田という。その名の如く新田開発された土地である。新田とは海面を干拓して土地を確保し新しく稲田を造成することで、江戸時代中後期は新田開発ラッシュだった。知多郡でも知多半島の中央部から北東部が盛んだった。記録を見ると乙川村や成岩村、石浜村などはどんどんと新田が開発され、新田率（旧の田畑面積と新田面積の割合）

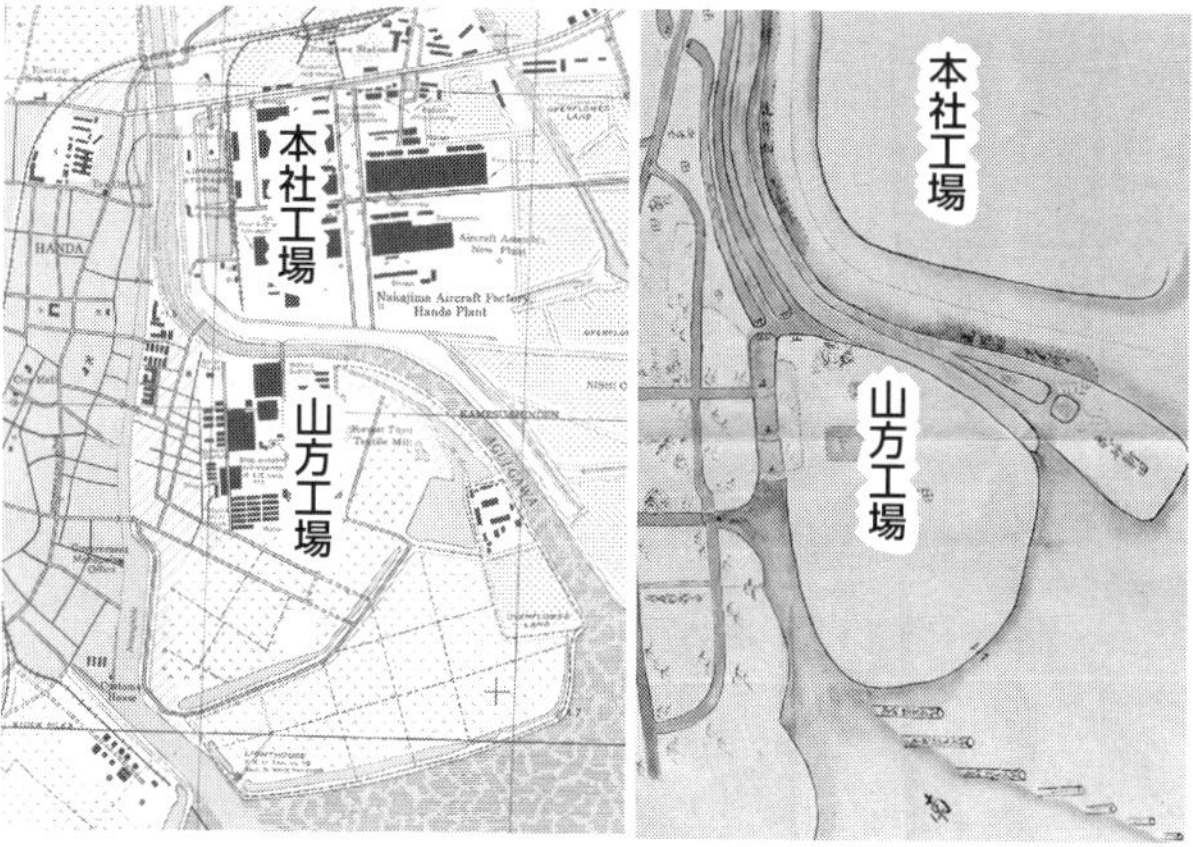

㊧山方工場のある中州が山方新田（1945 年　米空軍撮影）
㊨ 1829 年（天保 12）の半田村絵図。島のようにも見える

は40％に迫るほどだった。

だから山方新田も同様に江戸後期に開発された土地と思っていたが、意外にも古い新田。それも特別な事情を持つ新田だった。

半田村が海面干拓を行い、山方新田が開墾されたのは1695年（元禄8）である。ところが造成したが水の便が悪い。このままでは良い田畑にならないので隣村の岩滑《やなべ》村のはずれにある矢勝谷に、新田の水源として半田池を造成した。ここは山方新田から7㎞も離れたところだ。

新田開発と半田池造成、その水路の整備。これらの工事費用は3千4百両にも及び、村では請け負いきれなくなり、半田村の商家・小栗三郎に受け継がれた。そして1705年（宝永2）、田40町歩、畑2町歩、計42町歩の知多郡有数の大新田が完成したのであった。


つまり山方新田は1695年造成、昭和東南海地震の時まで250年近い年月が経っていた。これだけ長い年月があれば、すっかり硬い土地になっていてもよさそうなものだが、どうもそうではなかったようだ。

これらの歴史的経緯を踏まえ、山方新田の土地や地盤について考察すると、

①元禄という古い時代で干拓技術が拙く、しっかりとした工事が為されていなかった。

②117頁の図に見るように山方新田は阿久比川と十ヶ川に囲まれた三角洲のような土地で、水分を多く含む地質だった。

③二本の川が流れているのに農業用水が不足して遠くに水源を求めたという不可解な事実から、ここは何か特別な地質だったのかとも思う。

土木専門家の意見を伺いたい。

この地震で山方工場ばかりでなく、山方新田地区一帯には大被害があった。山方工場から命からがら逃げ出した杉江久男さんは、「新栄町（山方新田）では2階建ての建物の1階部分が潰れてなくなり1階建てのようになっていて、1階の屋根から2階へ出入りしている様子を見た」と証言する。

また、「（半田駅の方から）源兵衛橋まで来ると中埜酢店の倉庫が潰れていたり、家がぺっちゃんこになっていたりしていて橋の手前と先では風景が違った」（半田

市・男性　当時11歳）という貴重な証言もあった。

　これらの証言を踏まえると、地震の被害は山方工場ばかりでなく、山方新田一帯にひろく広がっていたことが分かる。ことに源兵衛橋が架かる十ヶ川の東側と西側で、はっきりと被害状況が違っていたことが分かる。

　つまり、十ヶ川の東側の地盤と西側の山方新田の地盤には明確な差があり、その差が被害の大小に直結したのではないだろうか。

　さて、山方工場の問題に戻る。この工場の惨事は軟弱地盤に加え、建造物にも弱点があったようだ。

㊤源兵衛橋東側の新栄町

山方新田の町。ほとんどの家が崩壊している。この町の死者数はいったい何名だろう

山方工場すなわち東洋紡績（知多紡績）の建物は1896年（明治29）に建てられたもので耐震対策などは考慮されていなかったと考えられる。これは何も東洋紡績ばかりでなく、この時代の建造物全般にいえることだ。

東海地方では1891年に濃尾地震（M8）が起こり、7千人を超す死者を出し、住家や土木建築構造物にも大きな被害が出た。これらを受けてようやく耐震対策の重要性が認識され、1892年に文部省に震災予防調査会が設置され、地震学や耐震構造学の研究が始まったのである。と言ってもまだ調査・研究の段階なのだから、1896年に建てられた知多紡績（後の東洋紡績）の工場群には耐震構造など施されていなかったはずだ。

当時の建造物の耐震構造を調べていると説得力のある写真が『創立二十年記念東洋紡績株式会社要覧』にあった。1923年（大正12）9月1日の関東大震災で被害を受けた東洋紡績王子工場の惨状を撮ったものであった。詳細の記載はないが多くの死傷者も出ていたようだ。

この王子工場の鋸屋根の建物は1915年（大正4）に増改築されたもので知多紡績より19年も新しい。もっとも関東大震災と昭和東南海地震の震度は比較にならないが、鋸屋根の継ぎ目の部分が崩れ落ちる様子はよく似ている。

皮肉っぽく言えば、王子工場は飛行機工場に転用するため柱や側壁を撤去などしていない。ごく普通の紡績工場でおそらく山方工場とほぼ同様の構造であろう。

但し、よく似ているものもあった。立地である。山方工場は阿久比川と十ケ川の三角洲に建っている。王子工場も荒川と隅田川に囲まれた三角洲に建っていた。だからどうだ、の答えなど出るわけはないが、二つの写真を見比べて何かが分かりそうだ。

㊨東洋紡績王子工場の倒壊
㊤山方工場の惨状

半田市内の死傷者数は正確か

数字に不審もある

【西】この大地震で半田市で１８８人が亡くなったとのことです。そのうち中島飛行機の工場内での犠牲者は１５４人。ということは、中島の工場以外の半田市内では34人の死者ということになる。

これだけの大地震で写真にあるように、亀崎、半田小学校、中埜酢店の倉庫、成岩の大きな織物工場。これがぺっちゃんこ。それなのに死者は34人とはあまりにも少ないと思いませんか。

【高田】中島の工場で亡くなった人を除いた半田市内の死者が34人というのは、そんなに少なかったのだろうか、と感じます。

戦時中ですから男性の多くが戦地に赴き、子どもたちも学徒動員へ行っていた時代背景を考えると、あのころは「自宅にいる人」の総数そのものが戦前に比べれば少なかったかもしれません。ただ、当時の被害写真では家や紡績工場が軒並み倒れてぺっちゃんこになっているし、住家だけで少なくとも800戸が全壊したにしては、市内での死者数はとても少ないように思えます。

発生時刻はお昼時ですから、在宅していた方も多かったように想像しますが、避難が早かったのでしょうか。

【西】地震はドンッと一瞬。だから避難の早い遅いは被災後の対応には関係があるでしょうが、そのドンの瞬間は別でしょうね。ぼくは阪神淡路大震災を体験し

半田国民学校の礼法室

稲葉酒造＝亀崎沿岸部

ていますが、ドンの瞬間は、ただの2、3歩も動けるものではない。倒壊した家の中にいたら大怪我は必至でしょう。死者が出ても不思議じゃない。

【高田】そうですよね。800戸全壊で34人は単に運が良かっただけでは済まされない数字かもしれません。

少し突っ込んで調べると、当時の半田市の人口は約6万人で総戸数は1万7729戸。そして地震による全壊は800戸、半壊は4779戸でした。「中央気象庁・調査概報」(次頁に掲載)の写真をみても市内の内陸部はほとんど無傷。だから全壊半壊の家々は沿岸部にあったものと類推できますよね。

これらの数字から、沿岸部に建つ1千戸の家屋が壊れ、そこに6千人の人が暮らしていたが、死者は34人だけだった。ちょっと不可解な数字ですね。今になれば真実の追求は困難ですが不審は残ります。

㊤中埜酢店倉庫　㊨日本勧業銀行半田支店
いずれも十ケ川の西側沿岸寄り。

【西】その通りです。ぼくがこの数字を疑うのは中島で亡くなった方々は氏名も遺族名もちゃんと残されているのに、この34名は氏名も住所も分からない。どこにも書いてない。そして「半田市の死者188名、うち中島関係154名」が定説となっている。何かおかしい。この数字は真実ではないと思った。

【高田】実は先日、「34人」を確認できないかと思い、半田市や市立博物館に犠牲者名簿のようなものが残っていないかを問い合わせました。結局はどちらにも残っておらず、残念でした。大災害だったとはいえ、調査はしていると思ったのですが。調査されていなかったのか、調査したけれども戦後の混乱の中で紛失、あるいは破棄したのか…。

【西】昭和東南海地震自体が軍事秘密とされて「何も無かった」「あったが被害は軽微」とされていたので死者数はできるだけ少なくカウントしたのだと思う。地震の被災なのに病死扱いにすることなど簡単なことだ。

潰れた大きな家。子どもたちは誰を探しているのだろう

名古屋市の伊藤誠さんからの投書にもあった（52頁）ようにお上は、『この地震の死傷者が少ないのは、当時の国民が防空訓練や防火訓練を毎日のように励んでいて、また隣組などの地域連携もよく、地震に際してもお互いが助け合い、防火や救助をなしたので被害は少なく抑えられた』。と被害が少ないのは日頃の防空訓練のおかげだ。すなわち政府のおかげだ。としたいのだろう。

【高田】34人以外の犠牲者がもしいたのなら、その人たちは補償はおろか慰霊もされていないことになりますね。

【西】そう。変な言い方だが、闇に葬られたようなものだ。そんな人たちがいるのか、いないのか、ぼくたちは真実を求める活動を止めてはいけない。

左の「調査概報」の一番上の写真の拡大。２階建て家屋の１階部分が潰れてない。山方新田の住宅地

半田市

半田市ニ於テ被害ノ大ナリシ地域ハ半田港ニ流出スル二本ノ河川ニ挟マレタル三角洲ノ内ニシテ従ツテ地盤ノ軟弱ナルニ原因スルモノト認メラル

半田市山形新田　二階家ノ傾斜ト火見櫓ノ彎曲

山形新田被害状況

同右

河畔ノ倉庫ニ於ケル被害

半田市街

(同ジ半田市ニテモ地盤ニヨリ家屋ニ被害ナキヲ示ス)

極秘 昭和十九年十二月七日 東南海大地震調査概報
中央気象庁　1945-02-20

半田製作所・学徒動員の実態

学徒と児童が支える飛行機工場

昭和東南海地震で中島飛行機半田製作所内で亡くなった人は154人。うち97名が動員学徒であった。割合でいえば60%。高い割合である。実際、工場の中ではこの割合で学生・児童が軍用機造りに従事していたのである。

昨今、「学徒動員」「勤労奉仕」と言ってもピンと来ない人が増えたようだ。それはそれで平和で結構なことだが、先の大戦中は今では考えられないことが平然と行われていた。その一つが軍需工場への学生の動員である。

成人男性のほとんどは戦地に出征し、国内は極端な労働力不足となっていた。

そこで政府は「学徒戦時動員体制確立要綱」を決定し、学徒の本格的な軍需工場への動員と直接国土防衛のための軍事訓練の徹底を期したのである。そして1944年（昭和19）3月に「決戦非常措置要綱ニ基ク学徒動員実施要綱」を閣議決定、中等学校以上の生徒は男女を問わず徹底的に工場に配置されることになり、1945年3月には国民学校初等科を除き1年間の授業が停止され、学徒は軍需生産、食糧増産、防空防衛に動員された。その数は終戦直前には実に340万人に達し、軍需産業の中心的役割を果たしていた。

中島・半田にも1944年には、1万人から1万3千人の学徒・児童が動員されていた。その学徒たちの様子は『中島飛行機の終戦』（西まさる）に詳しくあるので、その一部を転記する。

○

戦時中、全国の軍需工場には全国各地から、学生が作業員として動員された。動員されるのは徴兵年齢に達する前の未成年者ばかり。つまり、全員が18歳未満、小学生も大勢動員されている。その子たちが軍事品の生産に携わっていた。

半田製作所に動員された学徒は、中高生の男子が6千6百余人、女子挺身隊と称される女子学生が2千5百余人。さらに小学生は、男子が880余人、女子が2千4百余人。合計1万2千156人であった。これは終戦時の記録。

昭和20年3月の記録では学徒の総計が1万1千4百人だから、終戦前の3ケ月間に8百人ほど増員している。

当時の半田製作所の人員は2万6千名。そのうち中島の正規の社員は7千人ほど。他に、一般人と朝鮮半島からの徴用工が合わせて5千人弱。したがって工場で働く工員の半数以上は学生や子どもだったのだ。

当時の工場の作業は人海戦術そのもの。ベルトコンベアーやロボットの代わりだから、勤勉なら誰でもよかった――、というと学徒動員経験者に叱られる。「御国のため」に子らは働いていたのだ。

工場の現場にいるのは、ほとんどが12歳から17歳までの男女。組み立て中の大きな飛行機のあちらこちらに、まるで蟻が群がるように若い子たちが立ったり、座ったり、こまめに、こまめに働いている光景が目に浮かぶ。

飛行機の胴体は薄い金属板を重ね、リベットで止めて造り上げる。まず金属板に電気ドリルで穴を開け、そこにリベットを入れ、エアーハンマーで打ち込む。打ち込む先に当て板がないとリベットが止らない。当て板を入れる隙間があればいいが、狭い所は当て板が入らない。そこで子どもの出番だ。

当時小学6年生だった岩本勝治さんの談。

「機体と翼の接続する部分などは狭くて曲がっていて工具が入らない。大人の手は大きくてだめ。小さな子どもの手なら入る。子どもが手のひらに当て板を持って、その狭い場所に手を入れる。外からリベットを打ち込む。跳ね返されないように力一杯抑える。手は焼けそうだし、耳はリベットを打つ音でつんざけそうだった」。

同じく小学6年生だった小栗利治さん。

「飛行機の内部は狭い箇所が沢山ある。そこで子どもの出番だ。それ行け！　と言われてネズミのように全身で潜り込んで行く。そんな毎日だった」。

子どもの身体も手のひらも工具…。言いようのない寂しさがある。しかし、岩本さんは誇りを持って半田製作所に通ったという。

「私らは二十人ほどが一組になり中島飛行機に働きに行った。周囲の人からは、偉いね、と言われるし嬉しかった。子どものことだから、道中はぶらぶらと歩いて行くが、中島の工場の門の近くに来ると二列縦隊になり行進する。級長が『歩調を取れ！』と言うと、大きく腕を振って歩調を合わせて工場に入っていったものだ」。

小学校五、六年生の小さな子どもたちが隊列を組み、歩調を合わせ、勇ましく軍需工場に入っていく。その子らの眼は清々しいまでに澄んでいたはずだ。念のために言うが、子らの行為は〝戦争ごっこ〟ではない、実際に兵器を造る〝戦争行為〟なのである。

歩調を取り、工場に入って行く子らを「御国のために献身する感心な子」とみるか、「全体主義に洗脳された哀れな子」とみるかは個々の判断だが、この時代、半田製作所の通用門では毎日毎朝、こんな光景がみられたのである。

岩本さん、小栗さんらは地元の国民学校からの動員。中高生の多くは全国から学校単位で動員された。

次の学校である。

【専門学校等】名古屋工専　福井工専　神宮皇學館　山梨臨教育　浜松工専　研数専門　中央工専　高松経専　香川男師　法制航空

【女子師範学校】岐阜女青師　岐阜女師　高知女青師　高知女師　徳島女師　香川女師

【中等学校】半田中　半田商　日川中　韮崎中　身延中　祖山中　甲府中　京都三中　烏丸商　園部中　福井商　敦賀商　子安中　三島中　観音寺中　池田中　徳島市立中　撫養中　城東中　高知市立商　鹿児島一中　鹿児島二中　鹿児島市中　鹿児島私中　川内中

【同・女子】半田高女　横須賀高女　豊橋家政　豊橋実修女　松操高女　半田家政　甲府高女　巨摩高女　都留高女　栄和高女　名古屋実践

【国民学校】乙川（男女）　半田第一（男女）　亀崎（男女）　成岩（女）　阿久比第一（男女）　阿久比第二（男）　東浦片葩（男女）　岡田（男）　大府（男女）　横須賀（男女）

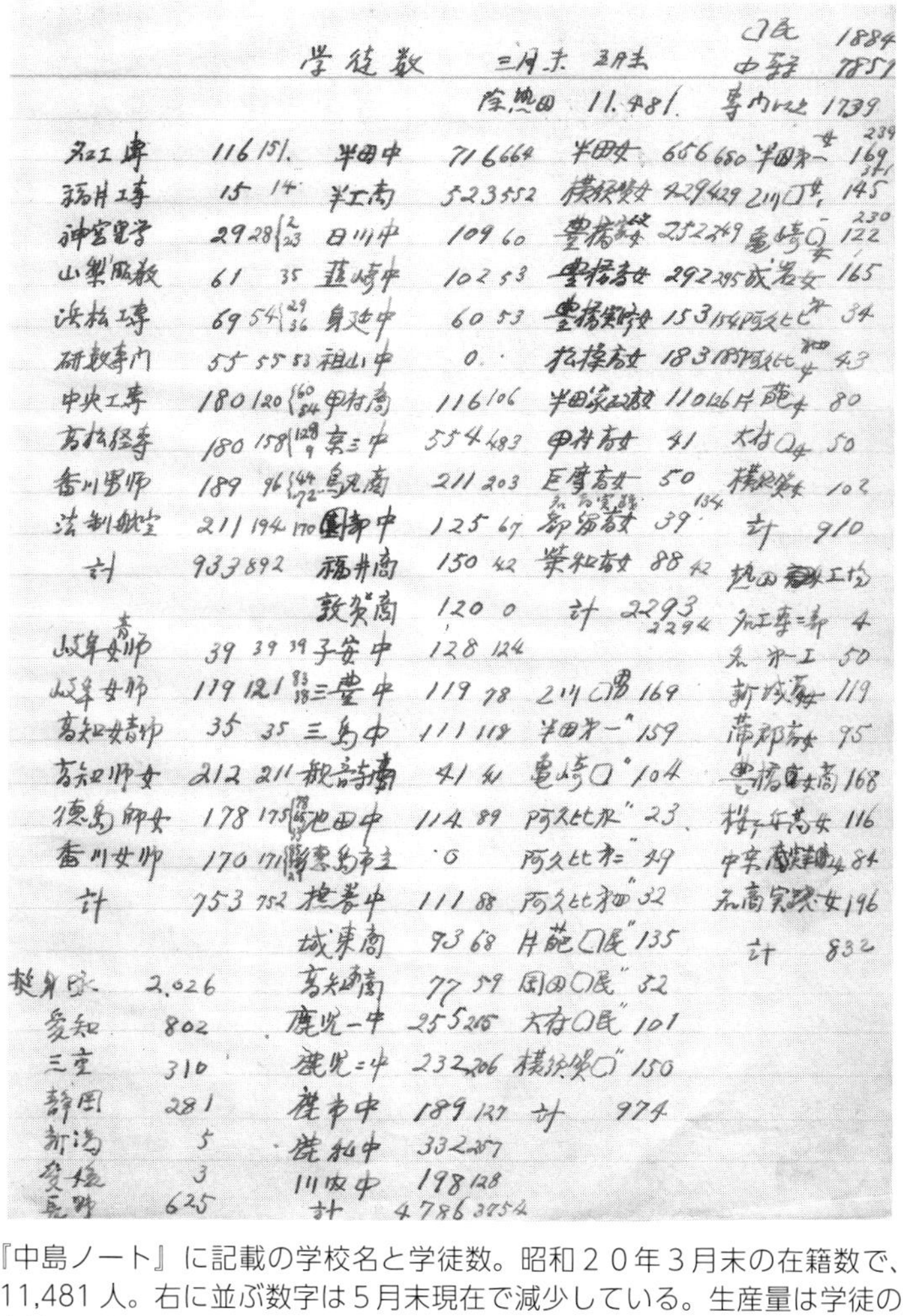

『中島ノート』に記載の学校名と学徒数。昭和２０年３月末の在籍数で、11,481人。右に並ぶ数字は５月末現在で減少している。生産量は学徒の人数に比例するほど、学徒は工場の支柱的な位置にいた。

学徒動員の実際

学徒動員についても間違った認識を多く見かける。学徒動員は学校単位でほぼ強制なのだが、「学業の一環」という建前から、学習時間の確保や勤務時間の制限もある。それに、「え、嘘っ!」と言われたが給金も出ていた。それもそこそこの高給である。

まず、基本的なところを列記する。

○給料。月額30円〜50円という高額(一般工員より上)だった。さらに、たびたび(戦意高揚のためだろうが)臨時ボーナスといえる奨励金や記念金品が支給されていた。

○動員期間は最長1年につき4ケ月までが限度で、社会保険に加入が義務づけられていた。

○勤務時間は、1日10時間に定め、残業も2時間が限度。女子の残業は禁止されていた。
○学業については、週6時間以上の授業が義務づけられていた。

これらは1944年（昭和19）に施行された『学徒動員法』に基くものである。この内容は、まずまず納得のゆくものだ。だが、学徒を受け入れた全国の軍需工場が、これらの規則をどれほど順守していたかは知りようがない。

給料だが、当時の巡査の初任給が45円、小学校教員の初任給50円、紡績工場に住み込みの女子工員の給料が月15円だったことと比較すれば、かなりの高給与であることには違いない。ちなみに中島飛行機の入社3年の一般工員の日給は1円35銭だった。つまり25日働いて34円。入社3年目ならちょうど動員学徒と同年代なのに学徒より安い。

なお、給与は会社が学校単位で一括して校長宛てに支払い、学校は、寮費、授業料などを差し引き本人に支払っていた。

半田製作所の記録ではないが、「基本給40円の中から食費、授業料その他を差引いた残金の中から10円を本人渡しとし、他の残金は貯金する」の記述があった。

これらは国の規定だからどこも凡そ一緒と思ってよかろう。

しかし半田中学から中島・半田に動員された森稔晴さんは、「給金？　そんなものの聞いたこともない。なかったよ」。

金城専門学校から愛知時計に動員されていた竹内和子さんは、「確かに動員解除後、貯金通帳は学校から貰った。金額は覚えていないが、残高は8円だったか80円だったか」。


褒賞金も出ていた。京都三中の学徒の岡田さんの談。

「南方で〝天山〟が活躍して大戦果を挙げたとのことで、褒賞金が出た。それも一人、十五円だった。芋を買ったり、半田市内に出て雑炊を食べたりした。芋はすごく高かった。三キロか四キロで三円だった」。

戦意高揚、生産増強のための臨時ボーナスを出していたのだ。岡田さんら学徒は、「よし、がんばるぞ」と思ったと言う。

動員期間は『一年に四ケ月が限度』についてだが、これは多くの人に訊いたが守られていない。「1年以上勤務」、「終戦まで2年近い」という人が目立った。終戦近くなるとそんな法令はなし崩しになっていたのだろう。

労働時間の件。男子学徒、女子学徒の数々の証言や手記を読んでも、「仕事はつらい」はあっても、「労働時間」や「残業時間」に対する不平や苦情は書いていないから、ほぼ守られていたとみていい。

京都三中の三宅仁さんは、「月に319・5時間就業をして表彰状を貰っている」。これを週1日休み、月25日勤務とすれば、一日12・7時間となる。朝8時に出勤して、夜10時ごろに退社する毎日だったことになる。

法令は『勤務時間は、一日十時間に定め、残業も二時間が限度』だから、ぎりぎりの黄色信号程度だろうか。これが学徒の勤務実態のようだ。

男子学徒のエピソードだ。

残業をすると夜食の食券が1枚出る。これが嬉しくて残業をかって出る人も多かったという。残業前に社員食堂で夕飯を食べ、残業後、寮に帰ると自分の夕食が待っている。つまり、二度、夕飯にありつけるのだ。学徒の諸君はこれを「きょうはアゲインだ」と言って、パチンと指を鳴らした。アゲインとは「もう一度」の意味。彼らにとって仕事のつらさより空腹を満たす方が優先していたのだ。

女子学徒の動員生活は香川師範の学生による「公的な日記」と「私的な日記」を入手したことでかなり詳しく知ることができる。

労働時間についてはどの日記・手記を読んでも不平や苦情は書いていないから、ほぼ守られていたようだ。勤務形態は二交代だが、長い残業はなく、あっても残業手当が出ていた。

教師を目指す女学生だが十代の乙女。就寝前の自由時間には、お喋りに花が咲き、声を合わせて歌も歌った。そこで作られたコミカルソングがある。「中隊節」。別名「半田の歌」である。この中には彼女たちの日常、すなわち中島・半田の動員生活が浮き彫りにされている。要点だけのピックアップでは歌と彼女たちに失礼なので全編紹介する。

中隊節（半田の歌）　香川師範女子部作

1
朝はうれしや　ベルが鳴ります　その音の憎さ
誰が積んだか赤ふとん　廊下ふくのも夢のうち
ちょいといってくる洗面所

2
昼はうれしや　電ドル片手に　胴体作り
エアーハンマに当板よ　吉田さんが廻ってくりゃ豆の飯
ちょいと悲観する　半田みそ

3
夕べうれしや　掃除すませて　六号棟の前で
岐阜の師範と花火散る　歌を歌えば気もはずむ
ちょいと待ってます　警備さん

4
夜はうれしや　お湯にひたって　蒸気をもろて
黙学すませて点呼して　国へ便りの走り書き
ちょいと消燈の　子守唄

5
夜中うれしや　サイレン鳴ります　Bさんのお越し

先生とび出す長廊下　洗面器に丼に水満たせ
ちょいと来ました　三十目標

6
夜勤うれしや　十時起床で　講義をすませ
うしみつ帰りの闇点呼　電池片手の道案内
ちょいと悲観する　ぬれねずみ

7
二部はうれしや　夜勤交替で半田の休み
春をたずねて野に里に　菜の花畑のあげひばり
ちょいと思い出す　讃岐富士

こんな歌を彼女たちはキャッキャと笑いながら声を合わせて歌っていたのだ。辛い作業も、戦争も、腹ペコも、笑い飛ばしてしまう若い明るさがあって、実に、ほっとさせられた。

「♪吉田さんが廻ってくりゃ豆の飯」と「豆ばかりの昼食」を笑い。

「♪サイレン鳴りますBさんのお越し」とB29の来襲にも強がるが、「♪洗面器に丼《どんぶり》に水満たせ」と、敵の爆弾に、とても役に立ちそうもない、丼に水を入れての防火活動をインテリらしく嘲笑する。

そして「♪夜勤うれしや　十時起床で　講義をすませ」で分かることは、夜勤明けは10時起床。そして昼は講義に出て、夜勤に出る。帰りは、うしみつ時（今の午前2時）だから、8時間労働なら夕方5時からの勤務だったようだ。

「♪二部はうれしや　夜勤交替で半田の休み」から、昼夜勤務の交代日は休みだったことが分かる。

これらから動員学徒はそれなりに法令に守られていたと考えてもよい。日常生活も極めて規則正しいものだ。

起床、朝礼、朝食、列を組んで半田製作所に出勤。皇居の方角に向かって宮城《きゅうじょう》遥拝《ようはい》をして作業。昼食、作業、終業、帰寮。そして夕食、黙習と自由時間、就寝。

彼女たち香川師範生173名は、1945年（昭和20）2月15日に半田に入り、同年7月末まで中島飛行機に勤務した。配属された職場は山方工場の天山胴体工場と彩雲胴体工場だった。昭和東南海地震でダメージを受けた山方工場だったが、彼女たちの手記には2ケ月前の地震のことや地震の痕跡のことは一言も触れられていない。

動員学徒生活を紹介する際、逃れてはいけないのは飯の話だ。

どの証言をみても、「飯が少ない」、「腹ぺこだ」、「飯はいつも赤い飯」、「丼に7分目ほどの赤い飯に小さな海苔が一枚。惣菜はイナゴの塩茹でか蕗の煮物。ほとんど毎日がこれ」など食い物に対する不満が満載である。

そして、こんな印象的な証言があった。名古屋高専の磯貝正行氏。

「一年ほどいた間に鰻丼が一回あった。鰻丼といっても蒲焼を細かく切ったのが飯の上にちょっとのっているだけだが、嬉しかったな。それと一回か二回、人参の塩茹でが出た。それも人参の四分の一くらいの大きいのだ。今日は何かの記念日かと思ったよ」。

その人参の甘い味が忘れられないと言う。言うまでもなく彼は70年前のことを話している。70年経っても忘れられないメニューだったのだ。

男子ばかりでない。女子も腹ぺこだった。

香川師範の手記の一部である。

○水がなくてあつい湯で、たくあんを洗い、かじった味の良さが今でも忘れられません。当時のご飯は混ぜ物が多く、赤かった。赤飯を食べるたびに赤い色のついた、ややこしいご飯が思い出されます。（緒方清子（中条）予科1）
○思い出すのは、豆粕入りご飯、赤い大根。（中井愛子（多田）予科2）
○豆粕の黒いどんぶりご飯、赤い大根、大きな蕗…。（真屋道子（阿守）予科3）
○じゃがいもやたくあんの丸かじり、蕗《ふき》まじりのご飯、ともかく食べ物のことばかり思い出される。（長尾ユミ子　予科2）
○空き腹をかかえ町に福神漬を求めに行ったこと。夜勤の後、星空の下で待つ食事、どんぶりご飯の上に、二、三個の茹《ゆ》でたジャガイモがあったことなど、すべて食べることばかり思い出され恥ずかしくなります。（室本恵美子（阪東）予科2）

工場にかり出され、御国のために働いているのに満足な食事も与えられない。当時の国民は、こんな食料事情の悪さは国を護《まも》るために仕方の無いことと思っていただろうが、あえて言えば、自国民に満足に飯を食べさせることも出来ない大日本帝国だったわけだ。それが戦争というものだ。

動員学徒の昭和東南海地震の罹災

1944年（昭和19年）7月5日午前10時、京都第三中学校の3、4年生554名は京都駅を出発した。学徒動員で愛知県半田市にある中島飛行機半田製作所に向かうのである。出発時、彼らの旅立ちを悲しむように激しい雨が降っていた。その雨も関ヶ原を過ぎる頃には泣き疲れたように霽れて青空が広がっていた。

道中、沿道には列車に向かって手を振る人が絶えない。学徒たちを出征兵士と思っていたようだ。中には日の丸を振る人もいた。

「出征兵士も動員学徒も同じようなものだ。俺たちも命をかけて飛行機を造るのだ」、誰かが言った。

「半田製作所で造る〝彩雲〟は世界最速だと言うじゃないか。そんな凄い飛行機造りに関われるのを誇りに思う」。

車中では自らを奮い立たせるかのように勇ましい会話が飛び交っていた。

汽車は武豊線亀崎駅を過ぎ、丘陵部を抜けると忽然と現れたのは青い海、そして広大な近代工場群である。どこまでも続いているように見える80万坪の半田製作所である。

車中の彼らは度肝を抜かれたように黙ってそれらを見つめていた。そして一人が、「これが中島飛行機だ！」と叫ぶと、堰を切ったように、「凄い！」、「大きい！」、「飛行場もあるぞ」と口々に叫んだ。

武豊線乙川駅に降り立った。午後4時頃だった。空は雲ひとつない青空。辺りは緑も多く、気持ちの良い風景だった。

「先生が言っていたように住みやすい所のようだ。野菜も豊富で魚も捕れるし、水泳もできるらしい」。

彼らはこの駅から徒歩30分の新池寮に向かった。いよいよ動員学徒の生活が始まるのである。この地で彼らを待っていたのは、皇国に滅私奉公するという喜びとともに、過酷な労働、空腹の毎日、そして親友の死なのである。

物語風に書いてしまったが、これは筆者が方々から聞き取った実際である。

京三中の一行はこれより1年、半田市乙川にある新池寮で暮らし、中島飛行機山方工場で働き、昭和東南海地震で13名の級友を失うなど紆余曲折はあったが終戦を迎え、郷里・京都府に帰った。

それから25年後の1970年（昭和45）11月、彼ら京三中第37回卒業生は「京三中三七会」を創り、クラス会を半田市で開いた。25年経って建物や道路など変化はあっても、青春の貴重な1ページを刻んだ思い出の地は変わらなかった。最初は、「懐かしい」、「ここで、こんなことをしたな」など、他愛もない同窓生の会話であったが、雁宿公園に建つ「殉難学徒の碑」に参拝した時から彼らの脳裏に何か大きな変化が起きたという。

そして誰が言うとでもなく、「我々が動員学徒として身をもって体験した歴史的事実

京三中三七会の半田訪問　　2004・7・3

いを後世に語り残し、これからの日本を背負っていく後輩に伝えるべきじゃないか」、「これが犠牲になった13人の友の死を無駄にしないことでもある」。

そして京三中三七会は「学徒勤労動員の記録編集会」を起ち上げ、記録の収集などを開始、翌年、昭和46年に本に纏めることができた。題名は『紅の血は燃ゆる』。読売新聞社が発行を担ってくれた。

京三中三七会は以降も2004年に半田市を訪れている。そして昭和東南海地震の罹災の際、京三中ら学徒の負傷者の手当を献身的に行ってくれた半田高女生たちとも交流した。半田高女もこの地震で29名もの犠牲者を出している。

半田高女OGを代表して小栗八重さんが京三中三七会の半田訪問の窓口となってお手伝いをしていた。そんな関係もあって、はんだ郷土史研究会へ京三中の元動員学徒から資料や原稿を多くいた

額縁に収まる写真は山方工場。感慨深いものがあるだろう。
説明する女性の左側が小栗八重さん

だいた。それらは『別冊 はんだ郷土史だより』に掲載したのだが、同誌は完売し絶版となった。しかし、読みたいとのリクエストも多くあるので、本書でそれらを転載する。

◉

山方工場の惨劇

二宮　聖耳

昭和十九年七月、わが京都第三中学校は愛知県半田市にある中島飛行機に学徒動員と決定した。多くの学校が市内の工場に出向いたり、校内に工場をつくって親元から通える状況であったのに、本校だけが何故？ といぶかる声もあったが、何分戦争中のこと、今となっては真相は不明のままである。

京都駅に集合して、特別列車に乗りこんだ。みんな修学旅行気分であったが、夕方半田市のはずれ、さびれた乙川駅に着いたときにはかなりくたびれた顔つきであった。

宿舎は「新池寮」だった。

二日後、工場を見学に出かけた。校長はかねて「わが国で最も新しい技術の工場で働けることを光栄に思うように」と訓示していたが、聞くと見るとは大違いである。組み立てた飛行機の胴体を運び出すエネルギーは、なんと牛！　これは何だとわが国の実力に疑問をもったものだった。

われわれは、中島飛行機山方工場に所属し、大きく二つにわかれたのだが、私は「天山部門」に配属された。これが後になって生死を分ける運命の別れ道になろうとは、神ならぬ身の知る由もなかった。

「天山部門」の中の峰岸組に配属されて六人一組で、二人の工員さんを補助する体制だった。

朝礼後、「勝ち抜く誓い」を奉唱。それから仕事がはじまる。一時間の昼休み以外休憩はなく夕方五時までブッ通し。仕事はなんということもなかったが、皆の関心事は「いつ京都に帰れるか」ということだった。

昭和十九年十二月七日、この日、正に運命の日となった。

東南海大地震だ。

飛行機の胴体がゆれるゆれる。当初いたずらで誰かがゆすっていると思ったがあまりにもひどい。私は胴体の中にへたりこんだが、とにかく工場を出た。

建物はまだ揺れていた。

南の「彩雲部門」の方を見て驚いた。なんと視界を遮るものが全くないではないか。一瞬のうちに前の建物全部が倒壊したのだと了解するのに暫くの時間がかかった。

昭和二十年、私は大学受験のため京都に戻り、京都大学付属医学専門部を受け合格したが、四月の新学期、時局重大ということで、再び半田へ帰ってきた。かえってきた半田は、以前とは大きく変貌していた。寮のムードも一変していた。まともな布団がない。煙草を吸う奴がいる。防空壕は小便で汚されて不潔そのものであり、万事退廃的、全くひどいものであった。

ある日のことだった。昼休み、工場の片隅で、ふと日曜学校で歌ったことも讃美歌が口をついて出てきた。

あしたに夕べに　たねをまけよ

ひとをなぐさむる　愛のたねを
たゆまず倦まず　たねをまけよ
平和の花咲く　愛のたねをば

全く思わぬ経験だった。人は逆境にあってそれに耐えることができる。自分はこんな現状に負けるもんか、くさってたまるか、そういう立ち上がる力とでもいったものが、この歌によって与えられたようだった。（後略）

◉地震で散った親友学徒に贈る詩「ああ、落合規秀君」

三宅　仁

（1）

落合規秀君と私は、昭和十年四月から十六年三月まで比叡山の麓の修学院尋常高等小学校で学んだ。四月に二人が京都府立京都第三中学校（京三中）に入学したときは、田舎の小学校から町の有名校、京三中によく入ってくれた、と校長も担任も大変喜んでくれた。

落合君は生後間もなく脊髄性小児マヒ（ポリオ）に罹り、体の発育が遅れ、三中に入る頃にも右腕、右脚にかなりの後遺症がみられた。右腕の関節が曲がり、歩くときには右足をかなり引きずった。中学一年生で身長は1メートル30㎝あるかないかで、体重は25㎏しかなかった。

三中に入学して二人は同じクラスに入った。落合君は手足が不自由なために、体操、剣道、軍事教練の時間には級友と同じ動作が出来なかったが、いつも歯をくいしばってがんばっていた。

落合規秀氏

死の前日に撮った受験用の写真。遺体のポケットにあった。

今も彼が隊列を組んで行進するときに、みんなについて行けず一番後ろから小走りに走っている姿が目に浮かんでくる。剣道の稽古では、彼の片手は全く無防備で、みんなによくうたれたが、私はあえて彼の小手を攻めようとはしなかった。

一方、彼の数学、物象（物理・化学）の成績はいつもクラスでトップであった。テストの前には、私が得意な英語を彼に教え、私は彼に苦手な数学の問題を解くのを手伝ってもらった。

昭和十九年七月五日、戦時下の学徒勤労動員で私たち京三中の3、4、5年生約700人は、京都を離れて、愛知県半田市の中島飛行機株式会社の半田製作所、山方工場で軍需飛行機の生産に携わることになった。

動員されてから5ヶ月経った十二月七日午後一時三十六分、突如大地震が発生した。私たちが働いていた、紡績工場を改造した煉瓦造りの工場は一瞬にして倒壊した。

この日、落合君と私は同じ作業台で滑車の組み立てと金具のヤスリ仕上げをやっていた。

「地震だ！　地震だ！」という叫びにふと見上げると、天井の梁、明かり窓、鉄の支柱がガンガンと音をたてて踊り狂っている。手に握っていたヤスリを台の上に投げ捨て、すぐさま数メートル先の非常口に向かって突っ走った。

落合君がすぐ私の後を追う。2、3メートル走った所でひっくりかえったのか、人の波に押されたのか、うつぶせに倒れた。倒れた体の上に、何人かがのしかかるように倒れてきた。その重みで立つことが出来ず、激しく揺れる床を満身の力を込めて這う。もうあと1メートル、もう少しだと思った瞬間、目の前の床に窓ガラスの破片が突き刺さった。と同時に、後頭部と背中全体にどすんと衝撃を受け、押しつぶされんばかりの重圧を感じた。おそらく巨大な煉瓦の塊が落下したのであろう。

これからのことはあまり覚えていない。

突然、左腕にすごい痛みを感じた。二、三人の友人が必死になって自分の左腕を引っ張っている。気を失う。「しっかりしろ！　しっかりしろ！」と励ます声が耳元に聞こえてくる。また気を失う。

気がつくと、どうやら自分は助かって病院におり、戸板の上で寝かされているらしい。

自分の体がどうなっているのかさっぱりわからない。下半身に感覚がない。左腕の痛みに耐えられず、頭が鋭く痛む。

だれかわからないが、友達が数人寄って小さい声で何かを言っている。ときれとぎれに耳に入ってくる言葉から判断すると、何人かの友が死んだようだ。

自分のあとを追うようにして逃げた落合君は助かったのであろうか。そばに立っている友人に、その安否を聞くと口の中でもぐもぐ言うだけで、はっきりとは答えてくれない。なおも聞くが、周囲のだれもが、ひそひそ話しているだけで答えてくれないのを腹立たしく思う。

七日の夜遅くなってから、落合君は無残にも倒壊した煉瓦壁の下敷きになって圧死し、他に下敷きになった12名も同じく圧死したと知らされる。

私だけが、倒れた友と友の間に挟まって、煉瓦の直撃を食らわずに、間一髪助かったのであった。全身打撲と右上腕の骨折だけですんだのだ。

この地震の前日、十二月六日のことは今も鮮明に覚えている。この日はたまたま公休日であった。午前中、全員が寮の部屋の大掃除をし、その後は本を読んだり親元に手紙を書いたりした。

午後、落合君と私は半田の町外れにあった写真屋へ行って、上級学校（高等学校、専門学校）の受験用写真を撮ってもらった。

写真屋を出たところに、ひげを生やした老人が手相を見ていたので、いくらかの金を払って自分たちの運勢を見てもらった。すると、「二人とも長寿で75歳まで生きる」と言われ、「長生きできるのだなあ」と二人で顔を見合わせて笑った。

それから知多キネマという映画館まで歩き、そこで私たちの憧れのデコちゃんこと、高峰秀子主演の「四つの結婚」を見た。デコちゃんのようなお姉さんが欲しいなあ、と思った。この映画には、ほかに山田五十鈴、山根寿子、入江たか子などの有名な女優が出ている明るい喜劇であって、みんなびっくりするほど綺麗だった。

映画館を出てから寮への帰り道、落合君は、大阪高等学校を第一志望にしていて、将来は電気技師になりたいと思っている、と私に話した。

地震の翌日12月8日、落合君のお父さんが遺体を確認すると、彼のポケットには二日前に撮った受験用写真の受取書と、大阪高等学校宛の願書請求の未投函の手紙が入っていた。

最近、もしあの戦争がなかったら、あの地震が起こっていなかったら、彼が今、生きていたなら…とよく思う。

人の運というものは実に不可思議なものである。

（2）

ああ　紅の血は燃ゆる

花もつぼみの若桜
五尺の命ひっさげて
国の大事に殉ずるは
我ら学徒の面目ぞ
ああ　紅の血は燃ゆる

この京都三中では、京三中三七会という会を持ち、同窓会を開き、半田へも1970年11月と2004年の7月と二度、来ている。2004年に半田へ来たのは、参加者36名。その時の日程表の冒頭に次のように書かれていた。

○

「昨年の同窓会で、もう一度半田に行ってみよう、というご希望が多数あった。亡くなった同窓生たちのことは、私たちが生きている限り心の中で生き続け、語り合うことによって友をこの世に存在させてあげることになると思う。

あの地震から60年、軍靴の足音が聞こえてきそうなこの頃、我々戦争体験者こそが、今熟慮し行動すべきときだと思う。亡くなった級友13名の諸君に思いを馳せ、冥福を祈るのは我々の責務ではないだろうか。

前回の半田訪問は1970年11月だった。あれから35年、幸い生きながらえた我々の『特別同窓会』は、第二のふるさと半田を訪れる鎮魂の旅とした。

昔に比べ格段と近くなった半田に、元半田高女の女性方とのご対面を楽しみにしている」。

罹災者への慰霊と補償。中島の意外な手当

戦時中のことなのでこの地震で亡くなったり怪我をされた人への補償金などが出ていたとは思ってもいなかった。戦死や空襲での死には「戦時災害保護法」があることは知っていたが、かなり差別的なものと聞いていたし、まさに「欲しがりません勝つまでは」の精神で補償などを求める世相ではないと思い込んでいた。

ところが１９４４年の昭和東南海地震で中島飛行機半田製作所で罹災された死傷者に高額の補償金が出ていたのを同社の古い資料で知った。筆者は認識不足を恥じるばかりである。

筆者の手許に中島飛行機半田製作所の「諸規定綴」がある。昭和17年頃からの本社通達などを綴ってあるもので、厚さは10㎝近くもある。これを丁寧にみれば中島の総務的な事項や行政対応などが全て分かる興味深い資料である。

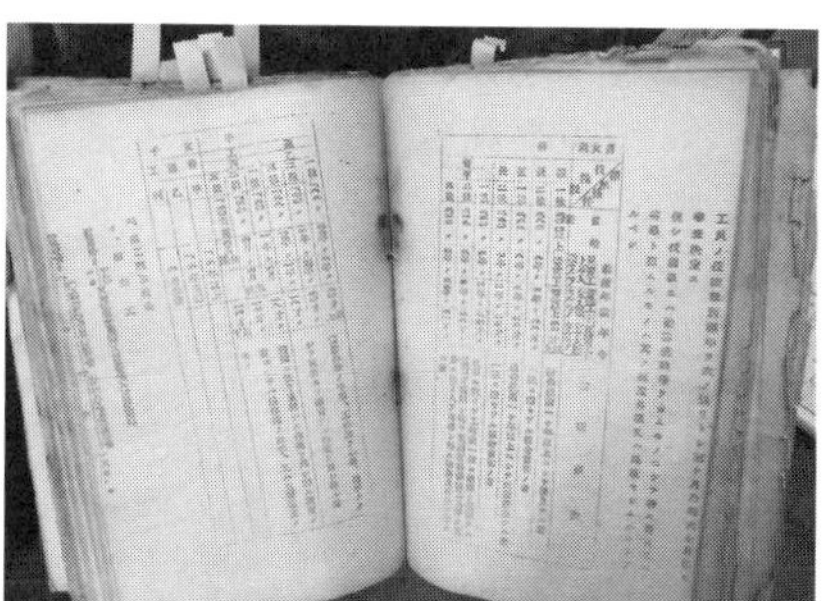

「諸規定綴」

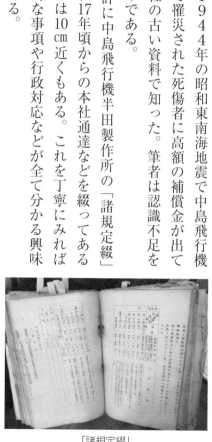

その中に、昭和19年11月24日、本社総務部発の「空襲時特別取扱内規其ノ他ニ関スル件通牒」があった。長文で詳細な通牒だが、内容は「空襲時に欠勤や遅刻しても諸手当は減額しない」などの他、空襲で死傷した時の見舞金も規定されていた。

要点だけ書くと、勤務中に空爆などで死亡した〝殉職者〟には、一般工員は最低5千円。動員学徒は6千円（但し低学年は減額）を見舞金として支払う。重傷の正社員には2百円、学徒など工員には百円を支払う。その家族には20円から50円の見舞金を支払うなどである。

当時の中島の部課長級の月給は百円強。年収1千2百円ほどだった。現代の大企業の部課長級なら1〜2千万円だろうから、それから勘案すれば死亡見舞金は現代感覚で5千万円から7千万円見当となる。これは、「空襲に怯まず働け！」の奨励金でもあったのだろうが、結構な金額である。

そして昭和19年12月7日の大地震。先の規定は空襲を想定したものだったが、これを地震の罹災者にも適用することとなった。11月下旬に作った規定が12月7

日の東南海地震の役に立ったのである。
この地震での中島・半田での死者は154人。日本最大の軍用機製造会社で資金などは無尽蔵にある中島飛行機の懐を心配するわけではないが、現代感覚で百億円をゆうに超す見舞金が出た計算になる。

中島は金ばかりでなく殉難学徒の慰霊式もしていた。それも震災のあった12月のうちに行っていた。場所は半田市の北谷墓地。下の写真である。

見にくい写真だが中央に8人の僧侶。その後に大勢の参列者。直立している姿勢から読経の最中のようだ。

写真左に立つ大きな慰霊塔は「殉難者

昭和19年12月下旬　北谷墓地で行われた初めての慰霊式

諸精霊之塔」と称し、高さは7、8メートル《メートル》もあろうか。堂々としたものだ。表面には「昭和十九年十二月七日殉難」と書かれている。

中島は1950年（昭和25）に震災犠牲者に加え、空襲による戦災犠牲者を合わせて慰霊する「殉難者　諸精霊之塔」を建て殉難者を慰霊した。そして1955年（昭和30）12月、この「殉難者　諸精霊之塔」も朽ちてきたので中島の後継会社・輸送機工業が北谷墓地の一角に「殉難者　諸精霊之碑」を建立した。

その後、毎年12月7日には会社代表者らがこの碑の前に集まり、慰霊祭を行っている。

2005年（平成17）のアンケート調査を纏めたもの

※（）内には分かる範囲で当時の年齢と住所、性別を記載した。
※回答の一部は読みやすいよう直している。
※○は本人がいずれの地震かを明記していた回答、●は内容（時間帯の違いなど）をもとに高田が類推した回答

東南海地震に関する証言（24件、うち類推5）

【当時0〜5歳】
●近隣に遊びに行き、走って帰った（半田市、女性）
○母が私を抱きかかえて玄関以外の出口から飛び降りてひどく転んだそう（半田市、2歳）

【当時6〜10歳】
○小学校の校庭が波を打っていた。大きい石にしがみついた（半田市、男性）

●音楽の授業中。机の下に潜っていた。すぐ避難できる状態ではなかった。2階建ての1階部分がぺっちゃんこになった家もあった。余震が多く怖かった。津波があったような気がする。どこかの会社が火事になり、煙突が倒れてきたところもあったようだ（武豊町）

○地盤が下がって、持ち上げて鉄柱を入れた（半田市、男性）

○牛小屋が半壊し牛が下敷きになった（半田市）

○学校で習字の時間。先生に連れられ外に出たら運動場にひび割れができていた（阿久比町、女性）

【当時11～15歳】

○立っていられなかった（半田市、女性）

●学校で防空壕を作っていた。先生たちは運動場に飛び出し運動場で伏せていた（半田市、男性）

●当時乙川小の高等科1年。5月頃から学徒動員で葭野工場（護口第100工場といっていました）にて働いていて、地震の下敷きとなり約1か月の重傷でした。当時、地震の経験は全くなかったので何が何だか分からず、気づいたら乙

川小の講堂に大勢のけが人と一緒に寝ていました（半田市、13歳、男性）
○本屋以外の継ぎ足し建家部分の倒壊。夜は数日間道で寝ていた（半田市、男性）
○情報がなく不安（半田市）
○壁が落ちた（半田市、男性）
○集団疎開先の農園（東京都）でも昼食後に地震を感じた。みな「アッ！地震」といった程度。数日後、名古屋方面らしいと聞いたような記憶あり。翌3年に名古屋へ転居、被害にびっくりした（東京都、女性）
○乙川に住んでおり、学徒動員で武豊の工場へ行っていた。地震に遭い、歩いて家に帰った。寒いときで防寒用品に困った（半田市）

【当時16～20歳】

○旧山方新田の家にいた。私の家の道路（旧東洋紡の正門から西に至る）の前、2階建ての家は倒壊して1階がつぶれ、2階が道路について地震がおさまってそこから人が出ていた。道路の通りに今でいうならショッピングセンターの店があったが、当時、町民は「バザー」と呼んでいた。その店が一瞬のできごとのように倒壊した。角地であった我が家の2階建ては倒壊をまぬがれたが、東西南北はすべて倒壊。私の家は温泉を経営していたが、従業員の女性が家を飛び出した際に家が倒れて屋根瓦の下敷きになり、まだ1歳の女の子を抱いたまま亡くなった。当時のことを今もはっきり記憶しており、忘れることはない。当時私は18歳、今79歳。あの頃のことを知っている人がだんだん少なくなった今、やはりご指摘のように体験者から聞き取りを重ね後世に残すことは必要と思う。特に源兵衛橋より東の地区はその後の伊勢湾台風でまた大きな被害を受け、当時住んでいた人はごく少数。年も取り記憶もなくなる。(半田市、18歳、女性)

○名古屋駅—国鉄不通、熱田駅—名鉄不通。熱田から家まで歩いて帰った。生涯忘れられない。道路は阿久比神社東側で大きく割れていたことが特に印象深い。避難民、そんな列がどこまでも続いた。夜中家へ着いたときは立てませんでした(半田市、男性)

○三河大浜小学校に勤めていた。学校の渡り廊下がつぶれ、そのときの様子を子どもに作文に書かせた。電車不通で、大浜から高浜まで歩いて帰った(女性)

○山方新田は半田市内でも一番ひどかった。家に帰るのに他人の家の屋根を歩いた(半田市、男性)

○家の壁にひびが入った。とてもこわかった（半田市）
○女学校で軍需産業の仕事と学習を併せてやっていた。揺れに驚き学舎の上の土手に飛び出して這った（半田市）
○働いていた工場（旧）機屋が左右に揺れてから、下から砂埃が上がりぺちゃんと倒れたところを見た（東浦町）
○工場の煙突が半分折れた。12月の地震は学徒動員先の太陽鉄工で埋め立て地割れがひどく大変怖かった（常滑市）

【当時21歳以上】

●昼食時、レンガ造りの煙突が倒壊し11人が亡くなった。交代昼食時の惨事。山田紡績吉野工場（半田市、男性）

三河地震に関する証言（4件）

【当時6〜10歳】

○余震が多く、空き地にワラ小屋を建て1週間ほど住んだ（半田市、男性）

【当時11〜15歳】

○もう57年を経過している三河三ヶ根山を震源地とした、三河大地震も年月の長さに記憶も薄れて思い出せないかとの危惧もなく、稿を起こしてみると鮮明によみがえる当時の恐怖まざまざと記述することができるのには驚くと同時に、如何にあらためて大自然の驚異とか大きさを思い知らされたような気がしました。熟睡していたので、揺れはじめの数秒はハッキリ思い出せないが、一瞬「地震だ」と直感したときに父の声で「地震だ逃げろ」はハッキリ覚えている。そのときの凄さをなんと表現してよいのか。梁や天井、建具のきしみというよりぶつかり合う音のすごさ百雷のごとく。屋根が落ちてきて下敷きになるのではという思い。数秒あるいは数分ごとに続く余震になすすべなく、家族8人立ち尽くしていた。ようやく寒さに気づき必死の思いで布団を持ち出し、狭い防空壕にすし詰めで横になった。幸いなことに庭にたたみ3畳ほどの防空壕が掘ってあった。危険で家に入れないから今夜はここで寝よう。しかし会話と言えば怖かった、無事でよかったしか話題はない。たえず続く余震におびえながら一睡もできなかった。狭い防空壕に8人すし詰めで布団をかぶって横になれば寒くなく、壕の入り口を毛布で覆うとようやく人心地を取り戻し、まんじりとしない一夜が明けて家を見たら3度ほど南に傾いていた。真っ先に父がつかつかと入ってキセルと煙草盆をもって、建具がばらばらに壊れ散乱している座敷のど真ん中にどかっとあぐらで座り、きざみたばこをおいしそうに、すぱすぱ吸う姿を見て呆れているうち、父に対する信頼に変わっていった。この時ほど父が頼もしく見えたことはない。梁に柱を縛り、土間の端に穴を掘ってこれ以上家が傾かないよう補強して、次に今日からの住まいの段取りとして防空壕に藁を敷いて、その上に舟の帆を敷き、居住性の延長として壕の入り口にテントを張り、暖房兼食事用の七輪を置き、親子8人水入らず、約3か月の団らん生活が始まった。何度もあってはいけない、一度しかない体験。何らかの形で発表していただきたく、つたない文で迷惑でしょうがお願い申し上げます（半田市、17歳、男性）

【当時16～20歳】

○防空壕の中と小さい小屋の中を行ったり来たり（半田市、女性）

【当時21歳以上】

○家の中に入れず、外にムシロで屋根を作った。1月ごろなので雪の中、布団を

かぶって寝る日が何日も続いた。何日も余震が続いたため。近所で家がつぶれた（美浜町、女性）

両方の地震に言及していた証言（12件）

【当時6～10歳】

○12月は小学校4年で男女ひとつの教室。机がくっついてきつかったのですが、地震があったとき、先生がこわい顔をして両手をあげ「タテ、フセ」とおっしゃった。何が起こったか分からない状態。みんなで外へ出たときは、学校の南側の縄屋さんの倉庫が壊れていたのでびっくりした覚えがあります。1月は起こされたときは寒くて、怖かったです。余震が怖くて家へ入れないので、隣近所の人たちと小屋を作って寝ていた（阿久比町、女性）

○向かいの家の座敷で遊んでいた。それまで地震の体験はありませんでしたが地震だと叫んで草履をつかんで外へ走り出て、広場へ逃げた。とても立っていられませんでしたので山羊をつなぐくいにつかまってしゃがんでいた。目の前の我が家は土煙を上げながら左右に揺れて倒れそうだった。長い時間のように思ったが、案外短かったのかもしれない。1月の地震は、夜中で、起きたが出入り口がひずんで建具が開かなかった。余震が長期にわたって続き、前の地震で逃げ出した。山羊のくいのある広場に藁小屋を作って外で寝た（小4）

【当時11〜15歳】

○学徒動員で中島工場5号棟にいた。まるで船が大きく揺れる感じで、周りの他校生たちの泣く声。動けないくらいの揺れと天井のガラスの割れる音がひどかった。作業台の下に頭だけ入れていたが、おさまって出てみると人は戻らず、自分のいたすぐ横に大きな地割れがあり、落ちていたら死んでいたと思うとぞっとした。葭野《よしの》工場にいた兄を亡くした。戦時中のため様子がよく分からず、死んだことは分かっているのに連絡があるまで遺体を迎えに行けず、また火葬場も使えず、大きな穴を掘り荼毘に付した。1月の三河地震はどこで何が起きたのか我々には分からなかったが、東南海地震よりも余震の回数が多く、1月の寒い時期に外でムシロ小屋で暮らした記憶がある（半田市、女性）

○12月の地震。当時戦時下、米軍機に備え灯火管制。たき火もできず。阿久比町の都築紡績（中島飛行機阿久比工場）はコンクリートレンガの建物で200坪くらいの工場に40〜50人が操業中。天井よりかなりのものが落ちてきたが、建物の損傷はなし。周辺道路に断層が走り、電力も止まり操業不能。1月の地震は自宅で就寝中。自宅は農家づくりで、建具や家具は外れたが、カベや煙突が壊れた程度。阿久比町の板山地区で神社の鳥居が倒れ、幼児が下敷きとなり死亡とのこと。ひっきりなしの余震で家に入れず（阿久比町、14歳、男性）

◯12月7日。精神的にはパニック。大屋根が10センチくらいは左右に揺れたと親に聞いた。学徒動員先で三菱の工場にいた。工場敷地は埋め立て地（庄内川沿い）だったため砂地が波立ち状態、波のように揺れていて妙な現象を見た。1月13日。夜だったため外へ出たところ、南の空一面に、揺れに合わせたようにぴかーぴかーと明るくなった。北極でいうオーロラのようだった。この現象は電離層のまさつなのだろうか。地震の揺れがなくなると光も消えてなくなった。この現象は未だに分からない。不思議な現象だった。地震で揺れている間は、外にいてもそれまでの静けさとは違ってなんとなく雑音がする。ざわざわとする、空気が揺れて木や家屋がゆれる音？（男性）

◯12月の地震は屋根の瓦がずれて雪崩れて落ちてきた。びっくりして外に出たとき、頭と腕に当たってこぶができた。中島飛行機に学徒動員されていた2年先輩が、工場の煙突（レンガづくり）が倒壊して死亡したことを思い出す。1月は余震がひどく家に留まっていられなくて、となりにあった寺の庭に戸板などを使って小屋を建て生活した。大きなぼたん雪が降ってきたことを思い出す（半田市、男性）

【当時16～20歳】

○家族がバラック小屋を建てて住んでいた。知多市の古見の工場（零戦をつくっていた）で働いていて、自転車で炊き出ししてもらいながら帰宅。会社に通勤するのが困った。仕事に行くが工場は休業に。空襲があって仕事にならない。1月は寝ていて起きなかった。家が藁葺きだったのでそのまま家にいた。ほこりがよく落ちていた（半田市）

【当時21歳以上】

○12月、中島飛行機山方工場にて。鉄骨建物の工場。2階事務所で部下と業務打ち合わせ中地震。私は窓側におり、防火用水（四斗樽）が倒れ水は当然流出。建物全体被害なし。私は関東大震災を経験していたので地震は恐れなかった。振動が収まるまでその場で待ち、階下に降りて職場を見回った。

山方工場煉瓦建工場横を通って東南方の木造の部品工場を見に行く。建物は東西に長く鋸歯型の木造工場で、梁は1本だけ落下。下の作業台に落ちて台の横梁は折れていた。崩れ落ちた三角型外壁は出入り口をふさぐがごとく折り重なって山になっていて、通りかかったとき、そこにいた者からこの下に死傷者と聞かされたが、自分の担当職場で無かったので確認はしなかった。なお地震被害というと、一般的な従業員の家庭などの被害による出勤▽部品その他の散乱の整理など常識的な整理、後片付け▽根本的には胴体、翼などの部品から組み立ての時に使用する組み立て台が地震で精度が狂っていたのを点検。確認ができるまでの間の基本的組み立て工場の生産中断こそ被害の主なところ。

1月、徹夜作業のため本工場6号棟の自分の事務所（5間×10間の間に木造2階建て、下は部品庫、上が組立工場事務所）の2階にいた。即停電。自転車前照用の電灯を机の引き出しから出して周囲を確認、大したこと無い。2階の床は、下の床から立ててある柱が地盤沈下で下がり、2階の柱の上部は上を鉄骨の本建物に固定してあったため、2階のかこい周囲の下は隙間が空いていた。

しかしそのまま終戦まで若干の固定をした程度で使用。鉄かぶとで防火用水をストーブにかけて完全消火確認。階段を降りて発声「私、ここにあり。今より順次回るから、皆はその場で待機」。そして巡回して残業作業員の全員を集め、屋外への通路で全員掌握。人の無事を確認。機体損傷の確認は明日のこととする。作業は不可であるので、帰宅を命ず。ストーブの消火は全員にて一巡し確認。前日完成した機を機飛行場へ輸送する件、夜のため翌日回しにしていたところ、左脚に破損あり。後日部品交換修理して完成（半田市、男性）

○いずれの地震とも立って歩行することもできず、手足を地面に伏し、移動した覚えあり。食料品、衣服、照明器具なし（半田市、女性）

○12月当時は半田工業高（現半田商業高）で5年西組担任。当日は午後登校することになっていた。地震発生時は現在の東邦ガス半田営業所の西北あたりを歩いていた。立っていることさえ困難になり、近くの田園へ生徒を誘導、全員伏せさせて収まるのを待つ。5分ほどで収まったので歩き出した。生々しく、よく覚えている。当時は軍事機密扱いのため「強い地震を感じて被害を生じたところもある」と発表されただけ。学校の生徒に直接被害はなかった。夜方であり、

生徒は家で体験した（半田市、男性）

○12月の地震は山へたきを取りに行って山が大きく揺れていた。大野の町のブロック塀がほとんど倒れていた。ライフラインが止まって困った。長野の実家へ家財道具を一度送って預かってもらっていた。1月の地震は2人の子供が寝ていて、子供を抱えて田んぼまで逃げた。近所の人が大勢いた（常滑市）

【年齢不明】

○大府市の国立サナトリウムにいた。12月は昼の時間。食堂で食事を済ませた後に食器などが割れたようです。道が幅広く切り裂けていろいろ困ることがありました。1月の時は夜、寄宿舎の窓から飛び出た。（大府市、女性）

どちらの地震か分からなかった証言（32件）

【当時0～5歳】

・庭の大木にしがみつき、大人に抱きかかえられ田んぼへ避難。中庭にほったて小屋を建てて生活。障子のさんがばらばらになった。雪が降ったのを覚えている（半田市、女性）

・必要な物を取りに家へ入るとガタガタ揺れる。家の裏にあった祖父の畑に藁小屋を作って寝た。板餅を焼き、かたく冷たくなったのを食べた（半田市）

・私は当時4歳になる前と満4歳を迎えた時点での地震であったので母親に抱きかかえられ、余震の時など、前の畑に「ムシロ小屋」で幾日か過ごした程度の思い出がある（半田市、4歳）

・家の北側の塀にムシロ囲いをし、寒さに震えたことを覚えている。これを機に現住所へ引っ越し（半田市、2歳半）

・防火用水の水がめの表面がひどく揺れていてその音が今でも記憶に残っている（半田市）

・外に出ろと言われて出た。手をつないでと言われ何人かでつないだ。隣の倉庫のような家が全壊していた（半田市）

・聞いた話。井戸かたが壊れ、下にあったかなり厚いコンクリートも割れた（現岡崎市）

・屋外でカヤをつっていました（阿久比町、女性）

【当時6～10歳】

・立っていられなかった（半田市）
・ワラで小屋を作って寝た（半田市、女性）
・1坪ほどの灰小屋が壊れた。風呂の土管の煙突がくの字に揺れていてびっくりした（美浜町、男性）

【当時11～15歳】

・余震で少し傾いた（半田市、男性）
・余震が多く空き地に小屋を建てたと思う。電気が切れて暗くなって困った（半田市）
・揺れが大きくて立っていられなかった（半田市）
・外にテントを張り毎日外で寝ていた。余震が多く怖かった。女学校の先輩が亡くなっている（武豊町、女性）
・余震がひどく、家に留まっていられなくて、となりにあった寺の庭に戸板などを使って小屋を建て生活した。大きなぼたん雪が降ってきたことを思い出す（半田市、男性）
・道の塀のすみで小屋を建てて住んでいた（半田市）

・夜は外に地震小屋を作って寝起きした（東浦町）
・たんすの上に置いてある物が落ちた。地面がひび割れていたのをはっきり覚えている。余震がまたあると言って外で寝ていて、霜が降りて布団がぬれていた。津波がくるとかまた大きい地震が来るなどデマがとんでいて惑わされた（半田市）
・余震があったので2〜3日外で寝ていた（半田市）
・初めての経験で立っていられず、地べたにはっていた。寒くて寝るところに困った
・外に地震小屋をつくって寝起きした（東浦町）
【当時16〜20歳】
・食べるものがない。寒さが厳しかった（半田市）
【当時21歳以上】
・自宅近くの古い家が1軒つぶれたのを見た。外で一時生活していた（半田市、女性）
・隣組10軒ほどすべて全壊にて、とたん作りの車庫に寄りそって、寝どこをつく

り合宿す（当時35歳、西尾市、女性）
・何人かの方が樽の中でお産をした（武豊町、女性）
・時計が止まった（半田市）
・隣家が半壊し、わが家の方に傾いてきた（半田市）
・外に出たら危ないので坪庭の夏みかんの木の下にいた（半田市）
・家の増築したところが壊れた。防空壕の中で過ごしていたので、寒くて仕方なかった。百姓だったため食べ物は何とかなった（半田市）
・地震がおさまったときにやれやれと思っただけ。またいつ来るか分からないという不安でいっぱい（半田市）
・病院で学徒動員として働いていたが、その病院もヒビが入りすごく怖かった（安城市、女性）

2021年（令和3）の調査を纏めたもの

＊今回の調査はアンケートに加え、はんだ郷土史研究会の2021年4月と6月の2回の例会、「昭和東南海地震の実体験を聞く会」での発言もある。

＊前回のアンケート調査は半田市乙川地区老人会の協力を得たこともあり、乙川地区方面に回答が集中していた。今回は三河方面や長野県、滋賀県からの投書もあり、広い地域からの情報もあった。

＊今回は証言者の氏名を了解いただいた範囲で掲載している。

東南海地震の体験

【当時0〜5歳】

・その時私は5歳で、記憶にはないが、後から聞いて知ったことだが、半田市の自宅の便所にいた。便所は頑丈だったので私は怪我もなく大丈夫だったが、家は全壊した。山方新田にあった自宅が全壊してしまったので、乙川の一本木に引っ越した。半年後ここで空襲に遇い、防空壕に逃げたが、家族6人が爆死。私は逃げ遅れたために、助かった。だが、この時のことも記憶から消えている（半田市、男性・石橋安男）

・その時私は5歳だったが、よく覚えている。家の壁にヒビが入った。（岐阜県羽島市江吉良村）

・東南海地震の時は、名古屋市南区の自宅の近くの公園で遭遇した。長屋住宅の屋根が一階部分がなくなり、二階部分だけが残った。全員自宅へ逃げ帰った。20年の三河地震の時に同級生の母親が西尾のお寺の本堂で圧死した。（名古屋市南区）

・当時私は生まれて4ヵ月の時で、何度も父や母から聞かされた。それは、生後4ヵ月の私を父は、窓から放り投げた。腰を抜かしている私のお母さんとおばーちゃんのえりをつかんで外に出したという。私が放り投げられた場所が、馬の下だったと分かって、父や母は、よく馬に蹴られなかったことだと言っていた。その時亡くなった家族は私の兄嫁の実母とその妹。そして私の姉のご主人の母と姉。その時一番困ったのは食べ物がなかったことだと聞いている。（蒲郡市、

女性・横井静代）

【当時6〜10歳】

・当時は名古屋市西区葭原町に住んでいた。19年の地震は覚えていないが20年1月の三河地震は少し覚えている。家の壁にヒビが入る程度だった。引き戸の立て付けが悪くなったようだった。（名古屋市・男性）

・東南海地震のことはよく覚えている。自分の家も傾いた。半壊だった。近くの工場や住宅が壊れるのを見た。困ったことは住む家だった。（半田市山方新田・男性）

・当時、南知多町大井の大井小学校の1年だった。午後の授業中、「地震だ！」。先生の「運動場に逃げなさい」の指示で生徒達は運動場の真ん中にかたまって震えていた。校舎を見ると屋根が揺れて土煙が上がっていた。揺れが治まり下校することとなり荷物を取りに教室に戻ると机や椅子が部屋中に散乱していて足の踏み場もない状態だった。集団下校する途中に大井川がある。ここは河口から4〜500《メートル》も上流なのだが、川の水が下流から遡上してきていて今にも溢れそうだった。その河口近くに自宅があるのだが、そこまで戻ると遡上はおさまっていた。

後年、これが津波だったと思い、気象庁のホームページなどで潮位などを調べた。ところが昭和19年12月7日の昼以降の潮位表はなくなっていた。つまり地震で潮位計が壊されたのだ。潮位を知ることはできなかったが、潮位計を壊すレベルの津波が着たことは分かった。私が素人なりに調べるとこの時の津波は1・5メートルから2メートル位のものだったと思う。（はんだ郷土史研究会例会での発言／石黒友之・男性・南知多町）

【当時11〜15歳】

・東南海地震の時は、もともとは、豊橋工業学校に通っていたのだが2年生の10月から豊川海軍工廠へ学徒動員されたため、その工場内の道路を歩いていた。三河地震の時はその工場の寄宿舎の2階で一人で寝ているところだった。ゴロゴロと転がされた。当時中学2年生だった私には困ったことはなかった。（投書／壁谷智・男性・半田市）

・地震の時のことは、よく覚えている。当時は愛知県知多郡美和村に住んでおり、久米村立国民学校高等科2年生在学中だったが、学徒動員で鬼崎村西之口にある武豊織布工場で勤務中だった。愛知航空機工場の（下請け工場）紡績工場の大きな煙突3本が途中半分ぐらいから折れていた。女工さん30名位、朝鮮半島の人10名、高等科中学生20名位は、外の桑畑へ避難した。けが人はなかった。家は、農業をしていたのだが、田んぼが20カ所くらい地割れしていた。すごくこわかった。家の納屋が傾いて、土建屋さんに納屋の柱を起こしてもらった。半壊だった。夜は余震のため家の前の土手で妹と二人で寝た。（名古屋市守山区、長谷川郡一）

・昭和19年の地震の時は、中学1年生で名古屋の学校に通学していて、帰りの電車の中にいた。名鉄名和駅あたりだったが、そこから歩いて家に帰った。自宅の壁にヒビが入った。近くの工場が全壊した。昭和20年の地震の時は父に起こされて家から飛び出した。寒くて布団にくるまって震えていた（半田市宮本町）

・引き戸の立て付けが悪くなった。（名古屋市）

・当時私は、多治見市国民学校高等科だった。〝花もつぼみの稚桜、五尺の生命ひっさげて、国の大事にじゅんずるは、我ら学徒の面目で、ああ紅の血は燃ゆる〟と歌いながら学徒動員で当時国鉄太田線、小泉駅近くの東亜特殊窯業株式会社（現在多治見耐火株式会社）で働いていた。

いつものように、工場に作業に行った。地震の日の自分の作業は耐火レンガの原料運搬だった。午後一時から作業開始まもなく原料をリヤカーに積んで運搬したのだが、左右に揺れて前に進むことができず、その場に立ち止まった。「地震だ、地震だ」という声があちらこちらから聞こえてきて、工場内からみんな屋外へ出た。朝鮮半島の人が「煙突が折れるぞー」ではなく、「ケムリあるところが倒れるぞ」と言っていた。工場内に大きい長い煙突が二本並んで立っていた。その煙突が大きく左右に揺れていた。その下で、そんな事は全く気にせずにK先生は煉瓦の荷造り作業をしていた。煙突は幸いにも倒れなかった。

丸窯、角窯と、耐火レンガを焼く窯があり、その窯のまわりに積み上げていたレンガが崩れた。「東海地方に大きな地震があったもよう」とラジオで放送していたのを駅から聞こえてきた。それからだと思うが、夜となし昼となし、まるで船に乗っているように毎日のように地面が揺れて、気持ちが悪かった。隣の家族が竹藪に蚊帳をつって寝ていた。竹藪は根が張って地震に強いという。三河地震まで揺れていたように思う。（多治見市、佐々木英夫）

▽追伸・昭和20年7月15日多治見駅で空襲にあい、県立多治見病院に入院されていたお嬢さんが半田市におられるようです。知っている方はおられないでしょうか。

・東南海地震のあった当時、私は名古屋の緑ヶ丘高等女学校(現、名女大高校)の二年生だった。戦時中の学徒動員で当時の大同製鋼鳴海工場へ行って、飛行機のネジを作っていた。お昼の食事のあと、仕事に掛った一時過ぎだった。すごい揺れで立って歩けないのでみんな這いつくばって外に出ようとした。会社には出口に用水(プールの小さいようなもの)があってその用水の水が飛び出してはねて出るので、びっくりした。

三河地震の時も怖い思いをした。名古屋市昭和区の自宅で就寝中、夜中に飛び起きた。当時家族は、男四人と女二人で飛び起きて外に出たのは、母と私の二人だった。男どもは怖がって布団をかぶっていた。(名古屋市南区、秋田みよ子)

・地震の時、私は国民学校6年生で中島飛行機に勤労動員されて山方工場の組立工場いた。「天山」の胴体を組み立てる部門だった。

その日の昼過ぎ、ドンと工場全体が持ち上がり、それからグーンと地下に沈む込むような気がした。空襲だ、と一瞬思ったが地震だった。みんなはすぐに外へ逃げたというが、あれは嘘だ。地震が起きた瞬間は腰が抜けて動けない。何分かしてやっと外へ出た。私のいた建物は無事だったが南側の工場はぺちゃんこに倒壊していた。潰れた建物の下に何百人も人が埋まっていると言っていた。でも誰も手を貸すこともできずにいた。女の人が何人も大声で泣いていた。まだ子どもだった私だが、訳も分からず『皇国《おくに》のためだ。泣いたらいかん』と泣きたいのを我慢していた」。(半田市の男性。2021年のはんだ郷土史研究会での発言)

【当時16～20歳】

・当時は武豊の山に航空機製作所に勤務しており、昼食後室内に居たところ、突如地が揺れてつき上がるような感じがした。地震だと思い、本能的に道路に飛び出し、地面に這いつくばり近くの電柱につかまり難を逃れた。沿道の2階建ての建物は1階が潰れてしまった建物が多かった。私の家はヒビが入る程度だった。一方、20年の地震の時は、恐怖のあまり、防空壕で寝たこともしばし

ばの状況だった。今でも鮮明に記憶している。（半田市飯森町、稲葉雅彦）

・当時私は家に居た。レンガの塀がこわれた。隣人はそれを超えて、我が家へ来たという。家屋も一部倒壊した。屋根の上に井戸水を汲み上げるタンクがあり、その水をお風呂や洗い物に利用していたのだが、地震により屋根にそのタンクを乗せたまま、屋根が倒壊した。材木なども屋根の上に乗せてあったので、その重みに耐えきれずに倒壊したのだと思う。すさまじい水しぶきがあがった。亡くなった家族はなかった。その時困ったことは、水と電力と食料だった。（半田市成岩本町、竹内和子）

・当時私は名古屋市昭和区の自宅に居た。家族は男四人女二人で、飛び起きて外に出ようとしたのは母と私（女性）の二人で、男どもは布団をかぶったまま外に出てこなかった。（名古屋市、女性）

・父に起こされ布団にくるまったまま外に出た。（半田市、女性）

・強い地震で歩けなかったため、家の前の直径1，5メートルほどの大木に避難した。家は新築だったので大丈夫だった。（滋賀県愛知郡康川村、男性）

・当時私は愛知県第二高等学校女学校の二年生。前後の学年のお姉様方や後輩の方よりも、一番元気で溌剌とした学年だと評され、学徒動員施行令第一陣として、二年生の秋より工場に出勤することになった。

近畿鉄道蟹江駅から二つ西の岩塚工場に配置された。仕事は発動機の型を作るため、その外側の型に鯨油の混入された砂を型に、棒で篦でしっかりと押し入れ、これを鉄板上に裏返しに置く。これが長いベルトに乗せられ巨大な乾燥爐に送り、上層まで回転して固まった型に、ジュラルミン等の発動機原料を流し入れ、飛行機の心臓部品が作られる手順の第一工程であった。

鯨油の臭いはすぐみんなの体臭となり、軽石用の石鹸は泡も立たず、手の汚れはまるで象の皮のようで、黒く汚い色は日に日に濃くなるばかりだった。この年、昭和19年の10月頃から小さな地震はしばしば起こりいつか大地震が来るのではないかと皆が恐れていた。その地震は12月7日にやってきた。地震が起こり工場の仕事は中止となり、帰宅するようにと言われた。名古屋方面の家に帰る者の一番の最短距離は、鉄道を歩くという事だった。近畿鉄道に沿って東に向かって、歩くしかなかった。それこそ一般従業員、動員学徒共に蟻のように行列を作って歩いた。途中揖斐川の鉄橋は、ひょいひょいと拍子をつけて皆が元気に渡っていたが、木曽川の川中は広く、しゃがみ込む者がいて、先輩、同僚、お友達、上司とが、助け合って、川の流れを恐れながら川幅の広い鉄橋をなんとか渡った。本当に怖かった。

川を渡っている途中、四日市工場の有名な四本煙突が倒れてなくなっているのを見た。幸いに名鉄電車は動いていたのでそれに乗り、家に着いたのは夜中だった。昭和20年1月の地震については、厳しい箝口令が発せられた。20年3月には繰り上げ卒業をしなさいと言われ、五年生の方々と講堂一杯に詰め込まれて、規定の学業を終えて校長先生に証書を読まれて卒業した。そして翌日から工場へ行った。

昭和20年5月14日のことも付け加えたい。その日の朝八時の空襲に依り名古屋城と共に、愛知第二高等女学校、同地に設立されていた愛知県女子師範学校同寮舎、附属小学校、附属幼稚園は全焼した。(小牧市、伊藤朝子、愛知県第二高等女学校昭和十六年四月入学)

・中島飛行機山方工場で働いている時に地震が起きた。懸命に逃げた記憶があるのだが。どこをどう逃げたかはまったく覚えていない。誰かの手を握っていたのか、

私の右手にいっぱい血がついていた。(投書/東浦町、間瀬勝一、当時15歳)

・昭和19年の東南海地震と聞くと、すぐに脳裏を走るのが井上瑛子さんのこと。地震で犠牲になった半田高女29人のうちのおひとりである。昔からよく遊んでいただいた聡明で優しい人だった。井上さんは歯科医院のお嬢さんで近所でも評判の才女だった。

愛娘の突然の死に、ご両親の嘆きは、はたから見ていてもあまりに気の毒であった。女学生がなぜ工場で命を落とさねばならないのか、朝、元気に家を出て行ったわが子が、なぜ戸板に乗せられて帰ってこなければならないのか。お母さんは美しい人だったが、娘を亡くした後は、人が変わってしまった。悲しすぎる出来事だった。(投書/森下敏子、常滑市)

＊この章の証言者名の敬称は略した。ご了承を。

滋賀のびわ湖と長野の諏訪湖

滋賀県の山田元治さんからの電話。「家に被害が出るほどの揺れではなかったが、お寺の灯籠が倒れ、12歳の姉が大怪我をした。その時、びわ湖を見ると湖水が吹き上がっているように見えた」。

長野県南木曾の方からの投書。「この地震の時は諏訪に住んでいた。その時の諏訪の震度は6だった。私の家の前は諏訪湖。湖面には今まで見たことのないような大きな波が立ち、ところどころに水が吹き上がっていた」。

半田での証言には、「地面から黒い水が吹き上がっていた」、「道路が地割れして水が噴き出していた」がかなりの数あった。半田の地下水(海水かもしれないが)が地震により地面を割って噴き出していたのは確かだ。

まさか、びわ湖と諏訪湖と伊勢湾が地下で繋がっているとは思わないが、なぜかそんな感想を持ってしまうのである。

唐獅子牡丹、罹災の半田製作所に見参！

昭和東南海地震を語る時、このエピソードを省くわけにはいかない。唐獅子牡丹・飛田東山の中島飛行機半田製作所の復旧協力実話である。

飛田東山は戦中戦後、140万人もの下層労働者を全国的に組織して大規模な公共工事、例えば、長野県松代の地下に大本営を設営する工事などを請け負い、国策に大いに貢献した人物である。

その飛田のもとに、「中島半田が地震の被害極めて大なり急ぎ復旧の応援されたし　海軍大臣・米内光政」の電報が届いた。電報差出人の海軍大臣はちょっと怪しいのだが、それは別書に譲るとして、飛田は直ちに復旧に着手した。

飛田を先頭に400人近い労働者を乗せた貨車9台が半田製作所の引き込み線に入って来たのは、地震から3日後の12月10日であった。

復旧作業をする飛田の労働者たち。それに懸命についていく中島の社員たち。その模様は罹災再建の一場面である。ここは『昭和史の隠れたドン　唐獅子牡丹・

飛田東山』から転記する。

◇

飛田の労士一団が働き始めた。ここに組織された労士達は年寄りが多い。戦時中のことだ。若い者の多くは徴兵されている。徴兵、徴用の資格のない年配の男しか町には残っていない。中には明らかに身体に障害を持つ男もいる。しかし、その土建作業は見事なものだった。まずは作業分担、持ち場が決まると一気に作業が動き出す。その手際は実に鮮やかなものだ。

彼らにならって中島飛行機の社員も動き始めた。高学歴の社員たちだが土建作業は本職のようにはいかない。

「おいおいおい！　そんな手つきじゃ仕事にならんぞ。もっと腰を入れてやれ！」

土方連中は口は悪いが目は笑っている。

「ダメや、ダメや！　兄ちゃんらは学校を出とるんやろ。もっと頭を使わんかい！

頭は帽子の台と違うデ」

「どうしたらいいです」

「アホ！　よう見とけ、こうするんや」。

土方連にレクチャーされながら中島飛行機の社員達も懸命に働く。ここは中島の工場。土方連中は中島の復旧のため好意で汗水を流し働いているのだから、その姿を見て、心が燃えない中島の社員はいない。

「大きなプレス機械がひっくり返っているんですよ。これはどうしましょう」

「よっしゃ、これくらいは楽勝や。テコで起こすぞ。機械の下に板を敷け！　もう二、三枚板を敷くんや。ええか、息を合わせてテコを押さえるんや。ええか！　せぇいの、よいしょ！　もう一回や！　せぇいの、よいしょ！」。

見事、横転していた十トンプレス機は、どっこいしょとばかり起き上がった。床のあちこちに横転していた数トンもある大型機械の全てが手作業で半日もかからず元の場所に戻った。

土方連中に見よう見まねのレクチャーを受けた中島の社員たちは、どんどんと良い仕事をするようになる。半田製作所に職員・工員は二万数千人いる。そのマンパワーは大きい。再建というまではいかないが、倒れた柱、転がった機械類の大方は元の位置に戻った。わずか三日で組立第四工場は稼動できるまでになった。

事実、地震で大打撃を受けた半田製作所だが、この十二月の生産台数をみると

「艦上攻撃機・天山」は前月の四割減の五十一機と落としたが、翌月は回復した。もう一つの「艦上偵察機・彩雲」は例月通りの二十五機を生産している。数字的には震災に負けていなかったのだ。

労士達は三日間、働き通した。彼らには「これが俺たちの戦場だ」の信念が見事に根付いていたのである。

四日目の朝、労士一同は帰還していった。

◇

以上も昭和東南海地震の一幕である。

昭和東南海地震犠牲者を悼む

住職が残した記録

「こちらですどうぞ」

手のひらより少し大きな折り本が2冊、目の前に差し出された。ところどころ色あせたり、はげたりしている。表紙には、やや丸みを帯びた字体で「留魂録」と書かれている。りゅうこんろく、と読むのだろうか。表紙をめくると、墨の文字が姿を現した。

【顧みますれば私達が学徒として航空機増産の為中島飛行機株式会社半田製作所

に動員　日夜奮闘致しておりました処昭和19年12月7日　突如として天地鳴動――（以下略）】

　半田市内に残る石碑「追憶之碑」に関する資料だった。

　追憶之碑は、中島飛行機に学徒動員され、昭和東南海地震で亡くなった級友を悼む石碑だ。同級生が発起人となり、協賛者や有志者を募って建てた。現在は半田市の中心部からほど近い雁宿公園内に設置されている。もともとは市内の寺・光照院の境内に建てたという。そんな話を小耳に挟み、光照院の第十九代住職、柴田良穣さん（74）を訪ねていた。

「確かに本堂の近くにありました。同級生の方々は当初、中島飛行機の跡地に建

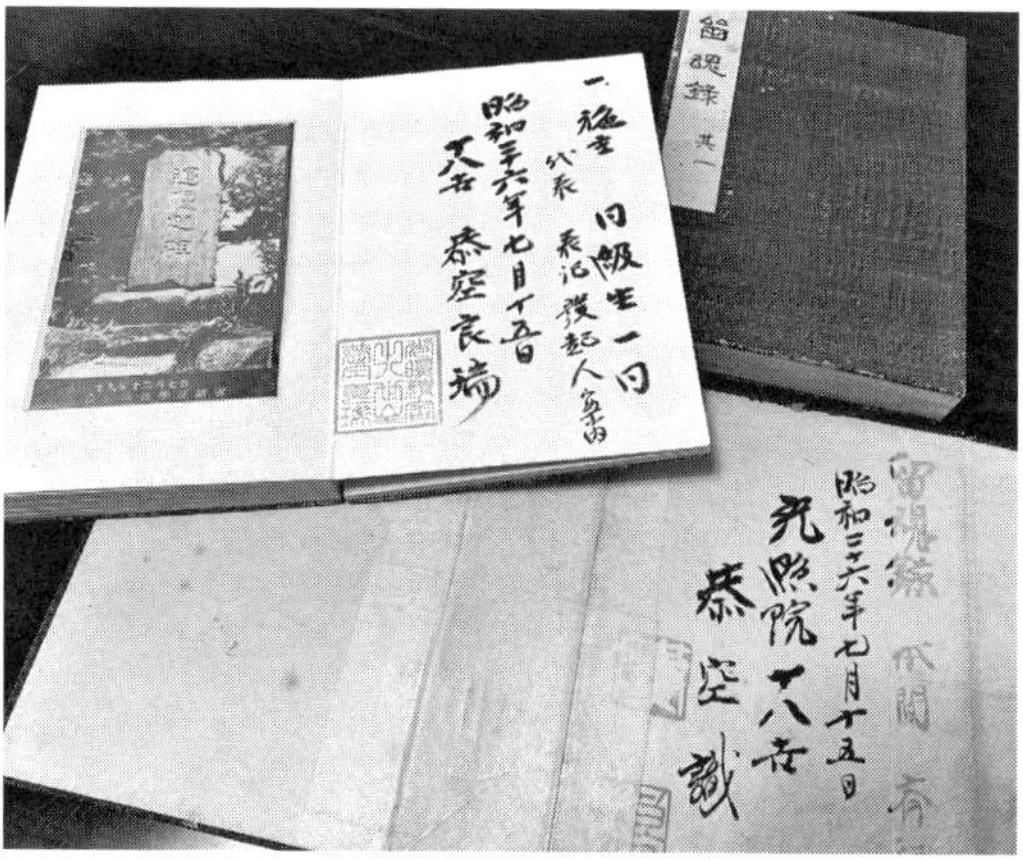

光照院で保管されている「留魂録」。石碑の主旨が記され、関連する新聞記事が切り貼りされるなど、経緯をうかがい知ることができる

てたかったようです。ただそれが叶わず、建立場所を探していた。先代が『建立場所がなく、困ってみえた』と話していたのを覚えています」

留魂録には建立の新聞記事や写真も切り貼りされている。それによると碑の高さは約2・1メートル、横0・9メートル（1951年7月15日　中部日本新聞）。

先代の添え書きによると、碑の名は先代自らが発案し、施主が賛同したという。碑の礎石には中島飛行機半田製作所地内の土を用いた、ともあった。

追憶之碑が本堂横に建立されて以降、光照院ではずっと慰霊法要を執り行ってきた。学徒の親兄弟や同級生たちが毎年参列したという。ただ、関係者がどんどん高齢になってゆく。そのため、弔い上げとされる五十回忌法要を終えて「一つの区切り」とし、碑はすでに他の震災・戦災犠牲者を悼む石碑が建立されつつあった雁宿公園へ移した。柴田さんが続ける。

「時が経てば家族や同級生は高齢になり、亡くなり、法要にも集まれなくなる。ただ、光照院にみえるのは檀家さんなど一部の人のみです。それなら他の慰霊碑と一緒に建っていた方が良い。何かの機に歴史を振り返って思いをはせ、手を合わせてくださる方がいるかもしれないですから」

追憶之碑は今、桜の名所でもある同公園の北エリアで、半田・戦災犠牲者追悼平和祈念碑、殉難学徒之碑と並び静かに佇んでいる。桜が咲き誇るエリアからすぐそばの、大木の木陰だ。春になれば、舞い上がった桜の花びらが降り注ぐだろう。

そんなことを考えながら碑の裏に回ると、碑には昭和東南海地震の日付と「震災殉難学徒四拾八名慰霊」の文字、犠牲学徒が所属した市内七校の学校名が彫られていた。校名こそ「高等女学校」「国民学校」とされているものの、名を変えて今も存在するよく知った学校ばかり。同時に、取材で訪れた際に見た児童生徒の笑顔が浮かんだ。あの子どもたちと年の変わらぬ10代半ばの若人たちが戦争と国に翻弄され、動員先で被災し、命を落とした。どんな思いだっただろうか。

夏の昼間だからか、園内に人の姿はない。蝉の鳴き声だけが響き、時々ぬるい風がゆるりと吹いていく。

＊

追憶之碑の2つ隣、並び立つ平和祈念碑には、白い百合とトルコキキョウの花束が置かれていた。暑さでくたびれてはいるものの、まだ新しい。今朝供えられたばかりだろうか。追憶之碑にも花を供え、手を合わせる人がいるだろうか——。手を合わせ、そっと碑をあとにした。

半田市内に残る、昭和東南海地震の犠牲者を悼む石碑

半田市内には、昭和東南海地震にまつわる石碑が5つ残されている（2021年8月時点）。建てた人や時期は少しずつ異なるものの、戦時下の大災害で命を落とした名もなき人たちを悼み、かつてこの地が被災地であった記憶を次世代へつなげようとする点では同じだ。中島飛行機跡地の土を用いたり、ハトの姿を彫ったりした碑もあり、犠牲者の魂を少しでも慰めようとした思いがにじむ。

それでも今、これらの碑を訪ねて手を合わせる人は決して多いとは言えないだろう。

雁宿公園の「殉難学徒之像」。訪れる人があまりいないようで、通り道となる木々の間には蜘蛛の巣が張っていた。「殉職者諸精霊之碑」のある市営墓地では、

墓地を利用する住民が「そんなのあったかなぁ」と口にした。市役所敷地の植え込みと並んで立つ碑の前でも、足を止める人は見たことがない。

大正や昭和を生きた人々の間で「二度と繰り返してほしくない」と語り継がれてきた大災害の記憶。それが今日では「写真が残っている」「慰霊碑もあっちに立っている」という〝記録〟に置き換わってきているように思えてならない。

◈殉難学徒之像（雁宿公園北エリア）

翼を広げた天使像が右手を空、左手を水平よりやや上に向けて立つ。円柱形をした台座には、平和の象徴とされるハトが大量に羽ばたく様子が彫られている。像裏面には、亡くなった学徒の魂を「像として幸せのよすがに遺す」と記されている。

1959年8月建立。

半田市立博物館の研究部会「半田拓本研究会」が1980年ごろに実施した石造物

殉難学徒之像

調査によると、高さ約4・4メートル。コンクリートおよび青銅製。

◈半田・戦災犠牲者追悼平和祈念碑（同）

太平洋戦争の戦後50年を記念し、市民の浄財募金によって1995年7月に建立された。平和を願う文章のほか、「半田の戦災」として軍需工場での労働、昭和東南海地震の発生による工場での犠牲、半田空襲の概要などを記す。空襲犠牲者の名前が彫られている。

◈追憶之碑（同）

学徒動員中に被災して亡くなった48人を悼む。同級生が発起人となって寄付を募り、1951年7月15日、光照院に建立した。その後五十回忌を経て、

戦災犠牲者追悼平和祈念碑

現在の場所に移設されている。

本章の冒頭に経緯を書いた石碑。

◈碑「昭和東南海地震被災の地」（半田市役所）

現市役所は、昭和東南海地震で大きな被害が出た中島飛行機山方工場のまさに跡地に立つ。市役所西側、県道２６５号に面した敷地に建っている。縦横いずれも20センチ弱、高さは１メートルほど。

正面に「東南海地震被災の地」と彫られているほか、左側面に「中島飛行機山方工場跡」、右側面に「一九四四・一二・七　学徒・従業員など犠牲者一五三人」と記されている。

追憶之碑

昭和東南海地震被災の地

◇殉職者諸精霊之碑（市営北谷墓地）

中島飛行機の流れをくむ輸送機工業によるもの。裏面に記された「碑誌」によると、中島飛行機が昭和東南海地震による犠牲者のため震災殉難者之塔を建立。後に半田空襲による犠牲者も祀り、１９５０年には現在の前身となる「殉職者諸精霊之塔」を建てている。

同社は戦後、富士産業半田工場、愛知富士産業、輸送機工業と変わっており、創業30周年の１９８０年12月に、現在の碑を建立した。

（高田みのり）

殉職者　諸精霊之碑

あとがき

隠された大震災、昭和東南海地震の実際を知ろうと体験者にアンケート調査を行った。経緯は前述しているので省くが、2005年には500件の回答を得た。そこから単なる感想や伝聞などを除くと140件の有効回答が残った。

2021年にも調査を実施。アンケート、投書、電話を合わせ120件超の回答をいただいた。さらに同年4月と6月、はんだ郷土史研究会は「昭和東南海地震の実体験を聞く会」を開き、合わせて約140名がご出席。体験談の発表も多くあった。これらを合わせて300件にも及ぶ実体験者の声が集まった。

まずは、ご協力いただいたみなさまに深謝申し上げる。

300の声は昭和東南海地震当日の様子を生々しく再現してくれた。

「家屋が波のように揺れ」、「屋根の上の水槽タンクが爆発するように壊れ」、「二階建ての一階がなくなり二階部分が一階になり」、「地割れした道路から黒い水が噴き上げ」、「瓦礫の下から〝助けて〟の声がした」。

そして、「工場の長い廊下には、150体もの屍体が並べられ」、「火葬場が間に合わず土葬」、「軍隊式で何体も重ねて野火に附した」。

こんな1944年12月7日から8日であったのだ。

しかし、戦時中にしっかりと閉じられた蓋を、開けることができたかどうかはまだまだ未知数である。本書を契機にさらに真実の声が届くことを期待したい。


最後になったが、この本を纏める切っ掛けを与えてくれ、また、社会部記者という超多忙な中でアンケートの集計、出稿もしてくださった高田みのりさんに感謝の言葉を贈りたい。そして本書を世に出してくださる新葉館出版さんと様々なご苦労をおかけした優秀な編集者さんに心から、ありがとうと申し上げる。

2021年8月

西 まさる

東南海地震犠牲者名簿

（軍需工場関係）

従業員（37人）

1、青木久吉　群馬県館林市金山
2、赤元新治　京都市中京区蛸薬師通り
3、安部隆治　栃木県阿蘇郡田沼町
4、池下博翁　大阪府阪南市舞
5、石栗等　新潟県岩船郡朝日村
6、板倉肇　岐阜県羽島市
7、伊藤きみ　碧南市新川町
8、伊藤義雄　三重県桑名郡木曽岬町
9、伊藤和貴美　知多郡武豊町
10、稲田成男　京都府久世郡寺田村
11、井上司　岡山市上伊福東新町
12、井上美津江　山梨県中巨摩郡甲西町
13、内山方夫　群馬県太田市宝泉脇尾
14、海老村良夫　広島市吉島本町
15、江屋常吉　熊谷市石原田町
16、大塚代治　長野県南佐久郡臼田町
17、大月正男　栃木県佐野市赤見町
18、萩原美男　長野県小諸市大字滋野甲
19、尾関清六　瀬戸市上水野
20、小野実　甲府市上石田町
21、北邑正幸　鳥取県日野郡江府町
22、楠名毅　渥美郡渥美町福江
23、沢田重男　半田市有楽町
24、篠崎法　埼玉県熊谷市三ヶ尻
25、下村幸松　半田市浜側町
26、須田昭二　不明
27、建原幸一　不明
28、戸田すみヱ　知多郡東浦町緒川
29、中根優　西尾市平坂
30、西沢岩雄　岡谷市下浜区
31、新美隆司　半田市乙川浜側町
32、野々口秀雄　京都市中京区小河通
33、前原完七　群馬県館林市木戸町
34、益田博　米子市朝日町
35、町田あい子　群馬県吾妻郡高山村
36、三浦亨　山形県尾花沢市寺内
37、山口欽也　半田市亀崎月見町

徴用者（17名）

38、相川計七　幡豆郡一色町佐久島
39、上田庄三郎　京都市下京区七条通千本上ル
40、奥田又一　京都市上京区猪熊元誓願時上ル
41、加藤文助　京都市左京区岡崎東天王町
42、河原林善之助　京都市上京区堀川通寺ノ内上ル
43、木村己之一　京都市上京区大将写鷹司町
44、千賀茂　知多郡南知多町　師崎
45、竹中亮一　京都市上京区下立売通七本松
46、戸田幸次郎　京都市上京区上賀茂梅ヶ辻町
47、中野繁　京都市上京区紫竹桜木町
48、布市栄次郎　京都市中京区西ノ京原町
49、人見政雄　京都市中京区西ノ京鹿垣西部
50、宮嶋保　静岡県掛川市日阪
51、宮谷治三郎　京都市上京区大宮通鞍馬口上ル
52、森田幸次郎　京都市下京区新町通花屋町下ル
53、柳彌一郎　京都市左京区静市市原町
54、横田実雄　静岡県榛原郡吉田町

女子勤労挺身隊（3人）

55、加藤ゆき子　春日井市稲口町
56、田上安江　長野県木曽郡上松町
57、北条峰子　長野県大町市八日町

（動員学徒）

半田高等女学校29人

58、池谷温子　知多郡美浜町野間
59、安藤初江　千葉県袖ケ浦市永吉
60、石川せつ子　半田市乙川西ノ宮町
61、市野美恵子　半田市有楽町
62、伊藤芳子　知多郡美浜町野間
63、井上瑛子　知多郡常滑市中郷
64、大島ハツ江　大府市横根町
65、小栗のぶ　半田市中村町
66、加藤加代子　半田市中町
67、河合真砂子　名古屋市中区錦
68、榊原春子　半田市東郷町
69、坂田滋子　半田市堀崎
70、角保代　半田市岩滑高山町
71、竹内道子　知多郡阿久比町草木
72、田島紀久子　知多郡美浜町
73、田屋泰子　不明

74、鳥居八重子　知多郡美浜町河和
75、中島和子　東京都港区西麻布
76、新美精子　半田市乙川大池町
77、橋本てる代　半田市西町
78、林かづ子　南知多町内海
79、菱川智恵子　江南市前飛伴町
80、間瀬綾子　尾鷲市矢の浜
81、向井喜代子　箕面市粟生新家
82、森下弘子　川崎市中原区
83、山下敬子　南知多町豊浜
84、山本美智子　南知多町豊浜
85、若杉尚美　瑞穂区日向町
86、渡辺妙子　半田市広小路町

豊橋高等女学校（23人）

87、伊藤喜代子　豊橋市大橋通
88、伊藤美代子　豊橋市西口町
89、伊藤るり子　豊橋市花田町
90、太田さだ子　渥美郡西口町
91、岡田みどり　豊橋市牟呂町
92、加藤美和　豊橋市向草間町
93、河合寿子　豊橋市船渡町
94、小林たまゑ　豊橋市花田町
95、佐々木巧恵　北設楽郡東栄町
96、佐藤和子　豊橋市若松町
97、佐藤多津　豊橋市野依町
98、鈴木たけ　豊橋市大村町
99、高橋豊子　阿久比町白沢
100、竹内美代　豊橋市大橋通
101、仲本忠子　岡崎市明寺本町
102、新美素美　豊川市麻生田町
103、福井多恵子　豊橋市東八町
104、本田絹代　豊橋市北丘町
105、本田艶子　豊橋市花田町
106、水藤和　渥美郡田原町
107、村井康恵　渥美郡田原町
108、吉田加代　豊橋市羽田町
109、渡辺律子　豊橋市向山台町

京都三中

110、衛藤治一郎　京都市上京区紫竹
111、大橋一　京都市右京区嵯峨

112、落合規秀　松江市西河津町
113、勝見喜作　京都市中京区釜座通
114、木本修　兵庫県養父郡八鹿町
115、外村国男　京都市北区大将軍
116、志賀裕　京都市上京区等持院
117、鈴木和夫　京都市北区紫野
118、谷口昭明　京都市伏見区深草野手町
119、中島昭喜　長岡京市緑ヶ丘
120、松田康　京都市右京区西院南高田町
121、真殿直行　京都市上京区紫竹
122、村岡三郎　京都市上京区谷口垣の内町

福井産業（7人）

123、荒井喜孝　福井市花堂中
124、伊藤栄松　福井県坂井郡丸岡町
125、小原邦男　福井県坂井郡丸岡町
126、角谷照次　福井市宝永町
127、田中甚吉　福井市手寄
128、津田徳治　福井市西尾矢町
129、細田辰夫　福井市順化

半田商・工業（4人）

130、榊原重信　半田市東郷町
131、榊原良吉　半田市乙川祢宜町
132、沢田文雄　知多郡阿久比町萩
133、間瀬栄次　半田市亀崎町

半田中学校（3人）

134、猪飼千平　知多市八幡町
135、板垣哲夫　半田市亀崎高根町
136、杉浦武夫　半田市乙川薬師町

愛知高等実修女学校（3人）

137、岩見操　豊橋市柱三番町
138、河合美智子　豊橋市八通町
139、鈴木房枝　豊橋市一番町

半田国民学校（6人）

140、小野幹夫　半田市住吉町
141、榊原定蔵　半田市星崎町
142、須藤敏男　不明
143、新美定蔵　半田市岩滑東町

144、深津茂　小樽市天神町
145、萬所正典　広島県豊田郡瀬戸町

片葩国民学校（3人）

146、石川藤夫　知多郡東浦町藤江
147、加藤忠司　知多郡東浦町藤江
148、水野孝司　知多郡東浦町森岡

亀崎国民学校（2人）

149、佐久間良一　半田市亀崎常盤町
150、山村肇　土岐市泉町

成岩国民学校（3人）

151、石川登美子　半田市中町
152、榊原智恵子　半田市富士丘
153、山本喜好　半田市板山町

乙川国民学校（1人）

154、竹内重安　半田市新居町

（以上、敬称略）

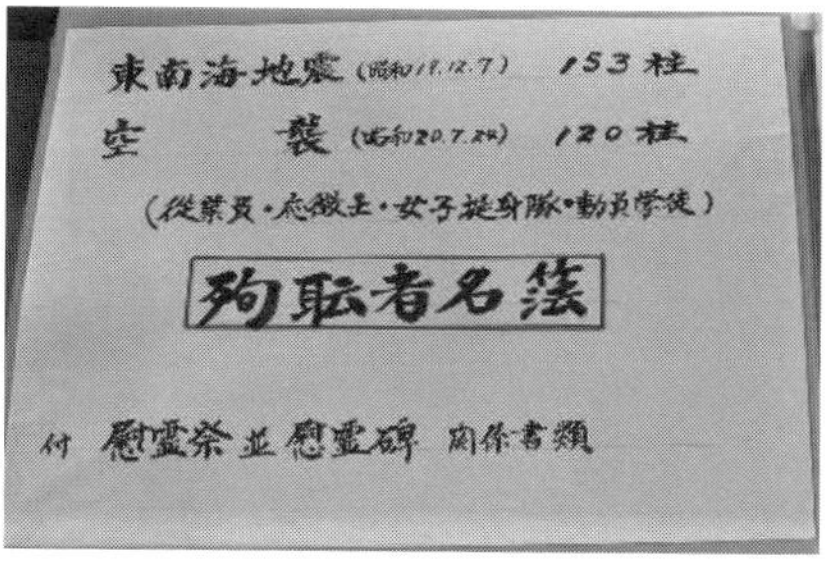

＊殉職者名等は各資料によって誤記・誤植による差異がある。本書は中島飛行機が発行した名簿より転記した。これは昭和３３年８月に改正した資料で、同社の慰霊祭等はこの名簿を正として行っている。

なお、同名簿は被災当時の１５３柱の記載だが、その後１柱増え、１５４柱となった。

◆主な参考文献
◯はんだ郷土史研究会『別冊 はんだ郷土史だより』同会（平成19年10月）
◯はんだ郷土史研究会『知多半島郷土史往来1号』同会（平成21年5月）
◯東洋紡績『東洋紡績株式會社要覽』同社（昭和9年6月）
◯名古屋大学減災連携研究センター『昭和19年東南海地震』同上（平成31年3月）
◯学徒勤労動員の記録編集会議『紅の血は燃ゆる』読売新聞社（昭和46年12月）
◯立松宏『写真集 半田』国書刊行会（昭和55年10月）
◯木村玲欧『戦争に隠された「震度7」』吉川弘文堂（平成26年8月）
◯中日新聞社会部『恐怖のM8 東南海三河大地震の真相』同社（昭和58年7月）
◯半田空襲と戦争を記録する会『半田空襲の記録』同会（昭和60年3月）
◯半田空襲と戦争を記録する会『半田の戦争記録』半田市（平成7年10月）
◯西まさる『中島飛行機の終戦』新葉館出版（平成17年12月）
◯西まさる『昭和史の隠れたドン 唐獅子牡丹・飛田東山』新葉館出版（令和2年9月）
＊内務省「勤務日誌」内務省（昭和19年11月至12月）
＊中島飛行機半田製作所発行の「諸資料綴」など多くの資料。

【著者略歴】

西まさる（にし・まさる）

1945年、東京生まれ。作家・編集者。

著書は、『悲しき横綱の生涯・大碇紋太郎伝』『次郎長と久六』『忠臣蔵と江戸の食べもの話』『中島飛行機の終戦』『吉原はこうしてつくられた』など多数。最近刊は『昭和史の隠れたドン　唐獅子牡丹・飛田東山』（新葉館出版）。

西まさる編集事務所主幹。はんだ郷土史研究会代表幹事。東海近世文学会正会員。各所文化講座講師など。

高田みのり（たかだ・みのり）

1993年、北海道札幌市生まれ。立命館大学国際関係学部卒業後、2016年に中日新聞社入社。

「呼吸器事件*」の冤罪や再審を巡る一連の報道で、取材班の一員として第19回石橋湛山記念早稲田ジャーナリズム大賞（2019年）、第9回日本医学ジャーナリスト協会賞大賞（2020年）を受賞。

*滋賀県東近江市の湖東記念病院で2003年、看護助手の女性が患者の呼吸器を外して殺害したとして逮捕され、殺人罪で服役した事件。2020年3月の再審で女性の無罪が確定した。